U0165418

世界冰冷，哲學是篝火

愚木混株　繪

半糖不加冰　著

答案之書

人生就像迷宮，

停留在原地，你只能看到面前的障礙；

只有往高處站，往遠處看，

才能知道身處的通道外還有那麼多的選擇，

才能真正找到屬於自己的那個出口。

軌跡

不用為自己的脆弱感到難堪，

偶爾的心碎、哭泣、逃避都沒關係，

愛你的人，這些都可以接住。

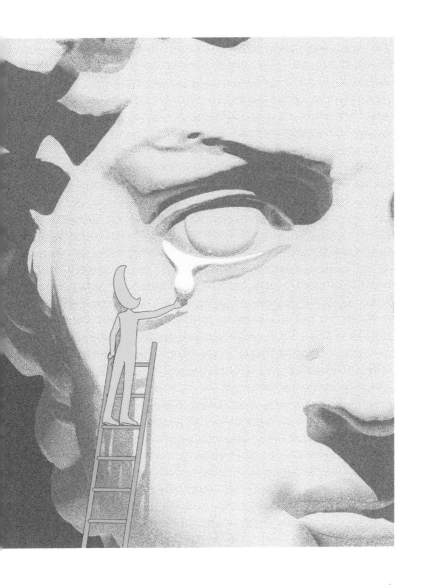

水

成年人和這個世界默認的約法三章是：

自己做決定，自己想辦法，自己承擔後果。

杯子

冥王星本來是太陽系九大行星之一，

直到 2006 年科學家把它除名，並重新定義它是一顆矮行星。

但冥王星還是繼續繞著太陽轉，

它根本就不在乎別人是怎麼看它的，

冥王星很棒，學學冥王星。

思考者

堡壘

夜幕降臨以後，每個人都是哲學家，但只有少數人意識到這一點。

每個門衛都是哲學家，他每天都在問：「你是誰？從哪裡來？到哪裡去？」

唐僧說：「這題我會。貧僧自東土大唐而來，去往西天拜佛求經。」

知道自己是誰、從哪裡來、要到哪裡去的人，是真的了不起。

每個打工人都是哲學家，他們也有自己的「哲學三問」：「人為什麼要上班？中午和誰一起吃飯？早睡早起為什麼這麼難？」

每個「吃貨」都是哲學家。

培根說：「知識就是力量。」

「吃貨」點頭如搗蒜：「對，芝士[1]就是力量。培根也好吃。」

---

1 編注：芝士，Cheese。使用諧音的緣故，此處採用香港譯法。

你看，如果以更寬廣的哲學眼光去看待生活，生活真的可以一笑而過。

有人說，這是一個適合讀馬可‧奧理略的時代：「我們聽到的一切都是一個觀點，不是事實；我們看到的一切都是一個視角，不是真相。」

有人說，這是一個適合讀尼采的時代：「一個人知道自己為什麼而活，就可以忍受任何一種生活。」

有人說，這是一個適合讀卡繆的時代：「真正的救贖，並不是廝殺後的勝利，而是能在苦難之中找到生的力量和心的安寧。」

我們一生都在尋找生活的意義，但生活仍無法給我們確定的答案。

我們只想獲得簡單的幸福，但獲得簡單的幸福是最難的。

我們生來似乎就自帶一種有任務沒完成的焦慮感。

這時哲學家告訴你：當問題沒有唯一正確解答的時候，每一個活在當下，享受生活本身或成為更好自己的選擇，就成了最優解。也就是說，我們還可以臨摹關於希望、關於愛、關於幸福最具體的模樣，是它們給了我們不再需要唯一確定性的勇氣。

如果你依然很懵懂，這本書還準備了一百多幅原創哲思插畫。這些插畫既不會過於淺顯以至在腦海中「閱後即焚」，又不會太過複雜而讓你放棄理解，它們提供了一個合適的理解區間，有趣的同時又不乏思考。

當下似乎總是令人不滿，因為生活本身就令人不滿……

而這本書試著找出理由，來解釋為什麼生活雖然既悲慘又令人不滿，但依然值得一過。

你會經歷很焦慮但也收穫最多的一年。

然後你會懂得，能快樂的話，就要趁早。不然等八十歲再去圓十八歲想去坐雲霄飛車的夢，工作人員都未必敢讓你上去。去嘗試各種有趣的事物，去逐夢，去後悔，去尋找自我的邊界，在差不多的人生當中，要抓住當下每個閃閃發光的時刻。

你會經歷很容易走散但也學會珍惜的一年。

然後你會懂得，人和人之間有過那麼一個時刻就夠了。愛過，心動過，曾經好過，有那麼一個美好的瞬間，剩餘的陰霾都可以忽略不計。總是記得那些不好的事情，只會徒增悔恨與煩惱。

你會經歷很敏感但也很勇敢的一年。

然後你會懂得，上天給了你敏感的觸角是讓你體驗世界，不是讓你自我折磨的，你值得被好好對待。那些無法言說的至暗時刻，一場場不為人知的暴風雨，一些被打碎而後重建的觀念，是成長的必修課。靜待它過去，你會成為更豐滿、更平和的大人。

你會經歷傷得很痛但也活得痛快的一年。

然後你會懂得，如果你對某件事的結束感到悲傷，那就說明這件事的過程一定非常美好。如果你足夠勇敢，就會發現結局未必悲傷，那只是意味著下一件美好事情即將開始。

你會經歷人生中最難也是最棒的一年。

然後你會懂得，幸福不是拚命爬到山頂，也不是在山下漫無目的地遊逛，幸福是向山頂努力攀登過程中的種種經歷和感受。

有些事情就是純體驗性的，沒有必要把自己的人生規劃得處處盈利、滿手勝利果實。有些事情就是美在途中的揮發，也因為這個揮發而純粹。

既然怎麼選都可能後悔，不如選自己喜歡的。
如果我今天過得真心實意，明天後悔又有什麼關係呢？

人生就是一場盛大的遇見：滿懷熱情地見天地，不卑不亢地見眾生，返璞歸真地見自己。

積極地經歷生活浪漫的一面，浪漫地經歷生活較為粗鄙的一面，人生就更美好一點。

有一點情緒的時候，洗個熱水澡，作個糖果味的夢。一覺醒來，還有好多事情要去做，好多美味要去吃，好多人要遇見。

寂靜之聲

做出某些放棄說明我們願意面對真實的自我，它最初可能是痛苦的，但在最後會是一種保護，以對抗自我欺騙帶來的失望和幻滅。

——羅素

Bertrand Arthur William Russell
1872.05.18~1970.02.02
英國哲學家

放棄，往往是你在最壞處境時能做的最好的選擇。

你要敢於向討厭的東西說再見：一份工作讓你感到不滿，你可以辭掉它；一個人讓你感到痛苦，你可以離開他；一件事讓你感到困惑，就去做另一件事。

不要跟倒楣事糾纏。總想彌補損失或回到從前，只能消耗精力，讓你看不到其他美好。

任何你突然放棄的事物和人，一定是積累了太多太久的無力和失望。你發現自己堅持得很不快樂，於是你終於放過了自己，挑一個風和日麗的下午，挑了件最常穿的大衣，出了門，就再也沒有回來過。

達瓦孜

只有那些躺在坑裡從不仰望高空的人，才不會再掉進坑裡。

——黑格爾

Georg Wilhelm Friedrich Hegel
1770.08.27~1831.11.14
德國哲學家

不要因為做錯一件事就失去繼續做其他事的勇氣。沒關係的，真的。

順風順水地贏一次沒有多少價值，從中學到的東西也有限。但結結實實失敗一次，並且在過程中耗盡渾身解數想要扭轉或者緩解一點局面，其中的任何一點努力，以及這點努力對應的成果都彌足珍貴。

大多數時候，人們需要在局面不利於自己、條件並不完備、自身沒有準備好的情況下投入戰鬥，這種戰鬥需要經驗。一次結結實實的失敗剛好能提供獲取這種經驗的機會，而且得到的經驗可以運用到整個人生歷程。

觀天

我可以否認一樣東西，但不一定非得詆毀它，或者剝奪別人相信的權利。

——卡繆
Albert Camus
1913.11.07~1960.01.04
法國小說家、哲學家

　　一個「熱」知識：當著對方的面貶低對方喜愛的事物是一種非常敗好感的行為。

　　我喜歡吃米線，但我不會否定烏龍麵；我喜歡吃飯，但我不會否定小米粥。我不喜歡吃苦瓜，但不認為別人應該討厭它；我受不了螺螄粉的味道，但不認為它應該消失。

　　我很不喜歡一些人一提到自己不喜歡的食物，就說：「這是人吃的東西嗎？」

　　以自己的喜好去評判別人的熱愛既不公平，也很刻薄。

　　我不喜歡的東西，你可以喜歡；我不同意你的看法，不代表我恨你。我們都需要重新學習這一點。

剪斷

使人們寧願相信謬誤，而不願熱愛真理的原因，不僅由於探索真理是艱苦的，而且是由於謬誤更能迎合人類某些惡劣的天性。

——培根

Francis Bacon
1561.01.22~1626.04.09
英格蘭哲學家、科學家

人類真是一種善於自我欺騙的生物。作了噩夢，就願意接受「夢是相反的」這個說法，作了好夢就一副預知了未來的樣子。

我們總是願意相信那些支持自己內心想法的觀點，排斥那些與自己思想相悖的觀念。總把不明、曖昧的舉動當作「他喜歡我」的信號，而忽略那些「他對我沒興趣」的行為。

如果一個人不打電話給你，那他就是真的不想給你打電話。如果一個人對你好像毫不在乎，那就是真的毫不在乎。毫無例外。

Nevermind

請注意！我們要誠實地承認我們的愛好和反感，並要阻止自己根據道德的色彩盆來給它們塗脂抹粉。

——尼采

Friedrich Wilhelm Nietzsche

1844.10.15~1900.08.25

德國哲學家、詩人、文化評論家

討厭的東西不能說討厭，喜歡的東西不能說喜歡，這樣的人生真是太沒意思了。

　　外界可以干擾你的，都源於你身體裡那些還沒有對自己誠實的部分。

　　要想活得神清氣爽，一定要學會表達「不適感」，而且這個不適的唯一判斷標準就是你的感受，別人怎麼說不用管，不爽就要直接提出來。

　　不要動不動就質疑自己是不是太過敏感或者想太多，被冒犯的人不必承擔原諒和內耗的責任。

　　我們都坦然一點不好嗎？喜歡就說喜歡，不喜歡就說不喜歡，做錯事就誠懇地道歉。時間那麼寶貴，可不能在奇奇怪怪的問題上消磨自己。

我坐在生活之上，就像一個差勁的騎手騎在馬上。我現在還沒被甩出去，這只能歸功於馬的好脾氣。

——維根斯坦

Ludwig Josef Johann Wittgenstein
1889.04.26～1951.04.29
奧地利哲學家

生活的狡猾之處就在於，它會在給你一頓連續耳光之後突然親你一口，確保你還能活著繼續挨它的耳光。所以往好處想，如果你現在正在瘋狂被揍，那麼很快它就要親你了，再堅持一下。

不管你現在多麼沮喪，請回頭看一看，你已經走了很遠的路。你在千萬次艱難裡想放棄，但每次都選擇了不放棄，所以你才會在這裡。

你真的很棒，你已經從所有那些你認為不會過去的事情中倖存下來，並且當時的每個人都以為你「沒事」。

為自己感到驕傲吧！「儘管眼下十分艱難，可日後這段經歷說不定就會開花結果。」

地震

毋須赤熱的烤架，地獄就是他人。他們可以透過觀念的灌輸，把你烤得迷迷糊糊。

——沙特

Jean-Paul Charles Aymard Sartre

1905.06.21~1980.04.15

法國哲學家、小說家

人真的很奇怪，好像沒有別人來證明自己，就看不到自己的價值。

從長遠來看，一個積極的評價和一個消極的評價一樣，都具有威脅性。你告訴一個人他很棒，同時也就暗示著你也有權利批評他是糟糕的。

所以，不要因為別人的一句話，而丟掉一整天的快樂。

那麼如何面對別人對你的評價？

1. 你有錯嗎？

有錯跳到 4，沒錯跳到 2。

2. 他有病嗎？

如果指責別人是他的癖好，跳到 3，否則跳回 1 反思。

3. 他不喜歡你也沒關係，這是很正常的事情，畢竟大家都是在不停地相遇和分別的過程裡找到真正志同道合的人。祝他未來一切都好，失去我是他的遺憾。

4. 知錯能改，你最可愛。

》無盡路之一

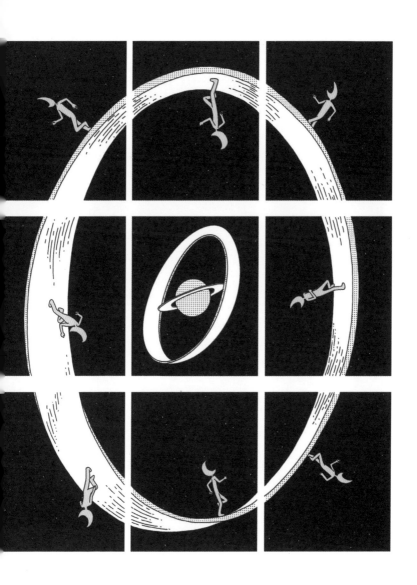

無盡路之二

人是輕信的動物，人必須相信一些什麼。在沒有好的理由可以相信的時候，人便滿足於相信糟糕的理由。

——羅素

Bertrand Arthur William Russell

1872.05.18~1970.02.02

英國哲學家

跟迷了心竅的人講道理是沒用的，即使知道機會渺茫，他們也會在心裡生出一句「萬一呢」。

你跟她說，他沒聯絡你就是不喜歡你，別等了。她想，萬一他慢熱呢？你跟他說買彩券不可能發財的。他想，萬一呢？

人們總是捨不得放棄相信自己願意看到的局面，偏要等到片尾曲都播完了，才肯相信真的沒有彩蛋。

登山

凡是符合本性的事情，就都值得去說，值得去做。不要受責備或流言的影響。如果你認為說得對、做得好，那就不要貶低自己。別人有別人的判斷方式，有自己的特殊傾向，不要去理會他們。

Marcus Aureliu

121.04.26~180.03.1

斯多葛派哲學家、哲學家皇帝

你想看書，別人偏要找你打電動，話裡帶刺誇你真用功；你想吃清淡些，他們非得去吃麻辣火鍋，還嘲笑你年紀輕輕卻要養生。

把自我感覺建立在別人的看法上，就等於把自尊心交到他們手上任其擺佈。如果你的想法引來的是不屑和嘲諷，那麼不必刻意迎合，堅持自己就好。

如果決意去做一件事情，就不要再問別人值不值得，心甘情願才能理所當然，理所當然才會義無反顧。

面對生活，每個人都在臨場發揮。做你覺得是對的事情，然後接受它的事與願達。

逆行

站在一千英尺高的懸崖邊，我們會感到焦慮，並非由於存在失足的危險，而是因為擁有一躍而下的自由。

——齊克果

Søren Aabye Kierkegaard
1813.05.05~1855.11.11
丹麥哲學家、神學家

在一個到處都是瓦斯的地方，任何一點火花都可能引起爆炸。

人類有很強烈的「明知故犯」心理：都知道油炸食品不健康，但不影響我們去吃；都知道晚睡不好，同樣不影響我們偶爾主動熬夜。

知道什麼對，什麼錯，什麼該，什麼不該，然後能嚴格執行並且從不過界的人通常不是泛泛之輩。

普通的我們唯一能做的，或許就是盡量控制那些不應觸及的「明知故犯」。

一開始便習慣性規避可能將自己陷於深淵的事情。如果避之不及，那就要有長痛不如短痛的決心。與其後來遍體鱗傷，不如及早抽身而退。

星河

我們聽到的一切都是一個觀點，不是事實；我們看到的一切都是一個視角，不是真相。

──馬可·奧理略

Marcus Aurelius

121.04.26~180.03.17

斯多葛派哲學家、哲學家皇帝

在博物館看到石器和陶器時,往往意識不到當時社會其實更普遍使用的是木器,只是木器太容易腐朽才沒有留存下來。

人們用看見的部分去命名一個時代,就像人們以為看見的部分就是世界的真相。

所謂羅生門事件,之所以各說各有理,是因為角度不同,並非簡單的對錯可以評判。

不要把自己當成標準答案,試圖去測驗這個世界。

但願我們能時時提醒自己:我看到的,比我理解到的多;我看不到的,比我看到的多。所有簡單粗暴的評判,只不過是我對我內心投射的批判罷了。

但願我們能時時察覺:當我覺得別人不好,很多時候僅僅是因為,別人和我不同。

分歧

在你立足處深挖下去就會有泉水湧出。
別管蒙昧者們叫嚷：「下邊永遠是地
獄！」

——尼采

Friedrich Wilhelm Nietzsche
1844.10.15~1900.08.25
德國哲學家、詩人、文化評論家

很多人最愛做的事，就是告訴你：「你所有想做的事情
都是錯的。」還會在你跌倒後第一時間跟你說：「早就跟你
講過了，幹嘛還要做呢？」

但你反問「那我應該怎麼做」的時候，他們又會突然變
得沉默，接著永遠是那句讓人聞風喪膽的「我是為你好」。

目光短淺，是人的本能。人們很難想像沒有經驗過的事
物。有些人因為相信而看見，而有些人只會看見才相信，於
是人生的可能性，僅僅侷限於看到的幾處小山丘。

仔細想想，我們走出人生中幾乎所有的關鍵性步驟時，
都是在一種難以覺察的情況下順應內心的結果。

生活方式該是自己主動的選擇，而不是一種被動的跟
風。小張想「C位」出道，小胡想早點下班，他們都有光明
的未來。

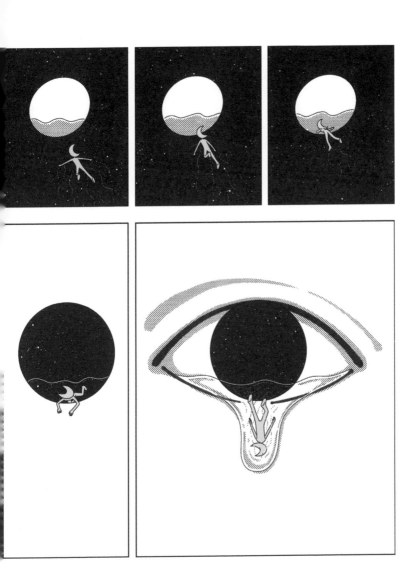

涙

歡樂就像這世上的金砂：它們散在各地，沒有任何的規則和法則可言，找到它們純屬機遇使然，並且每次也只能找到一小撮，因為它們甚少大量聚集在一起。

Arthur Schopenhauer
1788.02.22~1860.09.21
德國哲學家

　　人還是要保持因生活細碎而滿足的能力，像是剛剛好趕上的公車，吃到新鮮出爐的蛋塔，看到讓人噴飯的笑話，很熱的天氣喝到冰汽水，街角的咖啡店突然放了自己最喜歡的歌，週末晚上躺在沙發上看電影，好朋友事無鉅細的問候，忙碌一天準時下班看到的夕陽……這些看似零零碎碎的生活片段，卻是通向快樂星球的祕密通道。

鞦韆

與惡龍纏鬥過久，自身亦成為惡龍；凝視深淵過久，深淵將回以凝視。

——尼采

Friedrich Wilhelm Nietzsche

1844.10.15~1900.08.25

德國哲學家、詩人、文化評論家

　　善惡都是很高級的屬性。這世上的人大部分其實都是混沌無光的，有好的導向就善，有不好的催化劑就惡。有時候自以為的善或者惡其實是很自大的一廂情願。

　　人在有機會變成怪物的地方，就會毫不猶豫地變成怪物。唯一防止自己或者他人不變成怪物的方法，就是不要陷入這種困境。

　　永遠不要試圖去考驗人性，因為人性根本經不起試探。

凝視深淵

任何能夠激怒你的人，都會成為你的主人。

──愛比克泰德

Epictetus

A.D.50~A.D.135

古羅馬斯多葛學派哲學家

　　激怒你的人其實是在幫你點火。如果你很容易覺得被冒犯，那麼你也很容易被操縱。此時要是能克制自己不變成一個瓦斯桶，而是喚醒一堆熊熊烈火，你就成了憤怒的受益者，而非受害者。

　　如果有人掌握了你情緒好壞的開關鍵，那你必須準備好隨時按下這段關係的暫停鍵。

　　任何消耗你的人和事，多看一眼都是你的不對。

　　你的終極力量在於，你可以離開自己不喜歡的任何情境。你可以離開幾分鐘，可以離開幾個小時，你也可以永久地離開。這就意味著，你再也不用受制於人了。

奮力一擊

人是一種講究實際的植物，他忙著給自己澆水、施肥、結果實，但常常忘記了開花。

——周國平

1945.07.25~

中國學者

我們好像並不習慣於純粹的玩樂，以及以遊戲和快樂為目的的運動和享受。我們的內心總是被現實擠壓，很容易把玩樂當成浪費，把運動當成健身，凡事似乎都要有一個目的，以至於很正當的享受也會在心裡產生愧疚感。

　　這是「怕自己配不上所有的美好，也辜負了所受的苦難」症候群，這是病，得治。否則只會讓自己放棄兩件事：一是追求幸福，二是勇敢地享受幸福。

　　不會畫畫沒關係，唱歌走調也要唱，可以寫很爛的小詩，跑步不快也行，不擅長談戀愛也沒事，遊戲可以只玩簡單模式……這些事情是用來享受的，不擅長也不會怎麼樣。我們太看重所謂的才華了，只要是喜歡的事，笨拙也無所謂，享受其中就夠了。

　　這世界不停開花，我想放進你心裡一朵。在心裡種花，人生才不會荒蕪。

人永遠都有一套哲理，來解釋自己為何缺乏勇氣。

——卡繆

Albert Camus

1913.11.07~1960.01.04

法國小說家、哲學家

人們總是喜歡給自己找很多理由，去解釋自己的懦弱，掩飾內心的恐懼，逃避犯下的罪行……但事實是：總有一天，你不得不坦然面對一切。

當你遇到困難時，不知道自己的選擇是通往桃花源還是火焰山，於是你覺得選擇很沉重。如果嚇得兩腿發軟，一心想逃跑，就真的會輸得很慘。相反，如果敢於對困難說「有種你就放馬過來」，就會發現，你想像中的不安是被無限放大的。

無論什麼事，畏畏縮縮就輸定了。

愈是有畏怯的事情，就愈要盡早盡快地去做，在那些莫可名狀的憂慮發酵蔓延開以前，先乾淨俐落地給它一個開頭。等船到了橋頭，你會看到接下來的路。

方糖

經驗雖然告訴我們某物是如此這般的狀況，但並不告訴我們它不能是另外的狀況。

——康德

Immanuel Kant

1724.04.22~1804.02.12

德國哲學家、德國古典哲學創始人

　　早起的鳥兒有蟲子吃，晚起的鳥兒有爬得慢的蟲子吃。哪裡都有蟲子，管他呢。別讓蟲子支配你的生活方式。

　　很多事情就是摸著石頭過河，工作、生活、人生選擇都是這樣。散步時隨便的一個零碎念頭，也許就能讓你重新觀察這個世界，繼而成為最初根本想像不到的一種人；或者你以為只是萍水相逢的路人甲，最後會變成生命裡的羈絆，於是在多年後不斷感慨緣分。

　　規則不是別人制定的，而是自己創造的。

　　一切哪有什麼程式和規律可言，人是蒲公英，命運是風，無論它把我們帶去哪裡，我們都要努力開花。

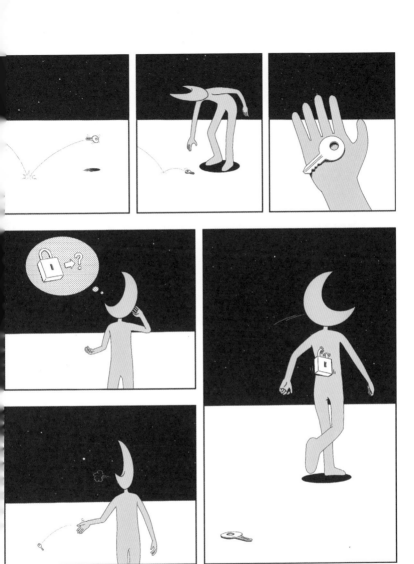

無用

041

沒有人天生就強、就弱或意志堅定，是後來才變強，後來才意志堅定。命運不在人身上，而在人四周。

——卡繆

Albert Camus

1913.11.07~1960.01.04

法國小說家、哲學家

美國天文學家卡爾‧薩根（Carl Sagan）說過：「我們DNA 裡的氮元素，我們牙齒裡的鈣元素，我們血液裡的鐵元素，還有我們吃的東西裡的碳元素，都是曾經大爆炸時千萬星辰散落後組成的，所以我們每個人都是星辰。」

總有一天，你會成長到一個極少人能理解你的階段，因為理解你的門檻會變得很高。

你會感到十分孤獨，這很正常，慢慢習慣就好，但千萬不要因為同行的人變少就懷疑自己。對自己岩石一樣的堅信，會成為最鋒利的刀刃，幫助切開人生路上所有混沌的局面。

星體

做一件事情樂在其中，恰恰說明我們就適合做這個。發自內心的愉悅感，對我來說就是最重要的指南。

——紀德

André Paul Guillaume Gide
1869.11.22~1951.02.19
法國作家、諾貝爾文學獎得主

　　每當做自己喜歡做的事時，總會有人問：「你是為了什麼要做這些呢？」、「做這些有什麼用呢？」可是在做這些事情的時候覺得很快樂，覺得這是一件幸福的事，從中獲得了快樂和幸福，還有比這個更正當的理由嗎？

　　不知道你有沒有發現，做自己喜歡的事情，五個小時過去了，有一種才過去一個小時的感覺。據說在這種情況下，我們實際的年齡增長也是一個小時。

　　保持年輕的祕訣就是，用自己喜歡的事去填滿每一天。

　　你的生活節奏，不需要別人來帶。如果生活中有什麼讓你感到快樂的事，那就去做吧。

雨中曲

如果把世上每一個人的痛苦放在一起，再讓你去選擇，你可能還是願意選擇自己原來的那一份。

——蘇格拉底
Socrates
470 B.C.~399 B.C.
古希臘哲學家

　　如果給你機會重新選擇，你會發現，3歲小孩失去心愛的玩具和21歲的你失戀都是一樣痛苦的，痛苦是不能拿來比較的。

　　很多事就算時間能重來一遍，以當時的心智和閱歷，我們大概還是會做同樣的選擇，避免不了同樣的結果。

　　你選錯了路，看人看走了眼，別總後悔當初，又或者陷入痛苦不能自拔。後悔和不能自拔，其實是你不願意接受這個結果，你不認栽、不認帳，就給自己按了暫停鍵。

　　接受吧，朋友們，輸了就認帳，選錯了就認栽，掉個頭繼續尋找對的方向。

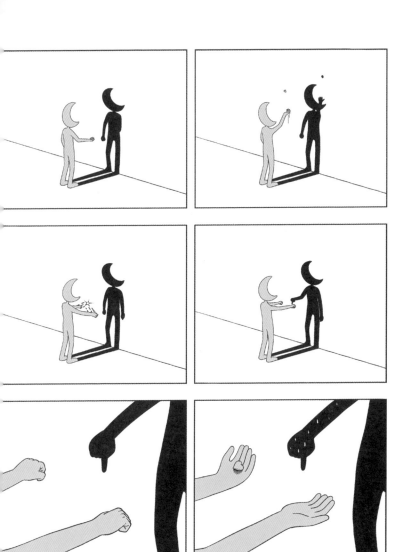

猜

047

一切習慣之物都在我們周圍織成愈來愈堅固的蜘蛛網，而我們很快就發現，蛛絲變成了繩索……

——尼采

Friedrich Wilhelm Nietzsche
1844.10.15~1900.08.25
德國哲學家、詩人、文化評論家

人和人之間想要保持長久舒適的關係，靠的是共性和吸引，而不是壓迫、捆綁、奉承和一味地付出，以及道德綁架式的自我感動。

你可以喜歡一個人但不完全瞭解他，可以喜歡一本書但不知道每頁的內容，可以喜歡一部電影但不認識所有的演員，可以喜歡一款遊戲但不知道所有的彩蛋。喜歡和愛不應該是一種負擔。

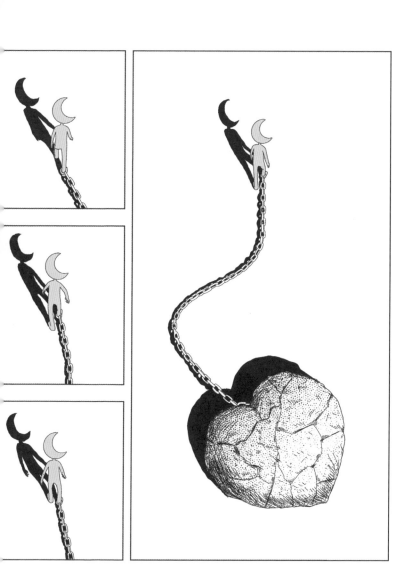

桎鎖

如果一聽到一種與你相左的意見就發怒，這表明，你已經下意識地感覺到你那種看法沒有充分理由。如果某個人硬要說二加二等於五，你只會感到憐憫而不是憤怒。

——羅素

Bertrand Arthur William Russe

1872.05.18~1970.02.0

英國哲學

吵架最尷尬的，不是事後懊悔自己沒發揮好，而是吵了一半，發現自己錯了。

　　聽到不同意見就發怒，是不自信的表現。在那個情形下，別人說的東西刺激到了你，而且往往說的東西愈接近真相，你受到的刺激愈大。

　　當我們內心虛弱的時候，就喜歡用憤怒包裝自己，這樣可以避免承受「虛弱的羞恥」。與其憤怒，不如想辦法豐富自己的理據。當你有理有據、自信心爆棚時，就沒有人能撼動你的想法。

人類的本性總是傾向於把自己不喜歡的事實看作虛妄的，然後就輕而易舉地找些理由反對它。

——佛洛伊德

Sigmund Freud

1856.05.06~1939.09.23

奧地利心理學家、哲學家

　　看到與自己想法不同卻又符合邏輯和情理的東西，心中想的應該是：「啊，原來別人的世界裡還存在著這種想法！」而不是一味地去挑剌、抬槓。

　　一個人最大的惡意，就是把自己的理解強加於別人，把所有的結果理所當然地用自己的過程來解釋，並一直認為自己是正確的。

　　這個世界上原本就存在完全對立的正確。你是對的，我也沒錯，我們只是做出了各自的選擇。

高空落物

如果人是野獸或是天使，那麼他就不能感受到焦慮，正因為他是兩者的結合體，所以他才能夠焦慮。

——齊克果

Søren Aabye Kierkegaard
1813.05.05~1855.11.11
丹麥哲學家、神學家

人性的深處，藏著一些不堪入目的東西，一旦有了合適的土壤，就會野蠻生長。

如果沒有信仰、法律和制度的約束，每個人都有可能變成野獸。正如木心所說：「人性是如何來的：有獸性的前科。」

但人性的奇妙之處在於，在與世界的碰撞中，有些人會變成更猥瑣、更不堪的自己，一念成魔；有些人會變成更強壯、更智慧的自己，一念成佛。

是魔是佛，取決於我們能否從當下混亂的狀態裡拉自己一把。務必請你一而再，再而三，三而不竭，千次萬次，毫不猶豫地救自己於這世間水火。

歷盡這世界給我們的百劫千難，最後我們都是自己的天使。

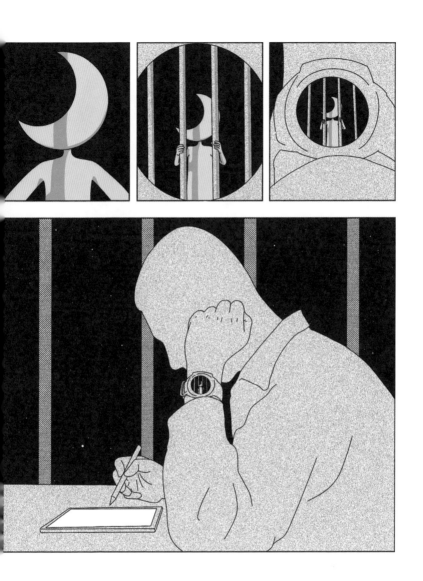

時間困境

白晝的光，如何能夠瞭解夜晚黑暗的深度呢？

——尼采

Friedrich Wilhelm Nietzsche

1844.10.15~1900.08.25

德國哲學家、詩人、文化評論家

你可以是最成熟、最多汁的桃子，但仍然會有人不喜歡桃子。

很多人一生最大的痛苦，就是不停向周圍證明自己是或者不是那些人想像的樣子。

不必自證，也不必作任何解釋，反正人人都會按照自己的想像幫你把真相補齊。他們對你的百般註解，構不成萬分之一的你，卻是一覽無餘的他們自己，僅此而已。

不被喜歡、不被理解也沒關係。生活是自己的，自己開心就很棒，反正你超喜歡自己就夠了。

空城記

057

每天反覆做的事情造就了我們，然後你
會發現，優秀不是一種行為，而是一種
習慣。

——亞里斯多德

Aristotélēs

384.06.19 B.C.~322.03.07 B.C.

古希臘哲學家、希臘三哲之一

　　成長有兩種，一種是突發式成長，就是先走出舒適區，
然後在體會到焦慮、壓力的同時，快速成長；還有一種恰恰
就是在舒適區，慢慢擴大邊界，關鍵就是堅持好習慣，由一
個點向外壯大。

　　起先是我們養成習慣，後來是習慣造就我們。習慣這個
東西，具有水滴石穿的力量，往往從微量開始，最後超額完
成。

　　一件微不足道的日常小事，如果你堅持去做，就能勝過
那些艱難的大事。

　　進步往往是看不見的。你掙扎著，堅持著，然後有一天，
你就進入了下一個層次。你重複這個過程，你獲得自信，你
與他人的關係得到改善，你的生活變得更好。

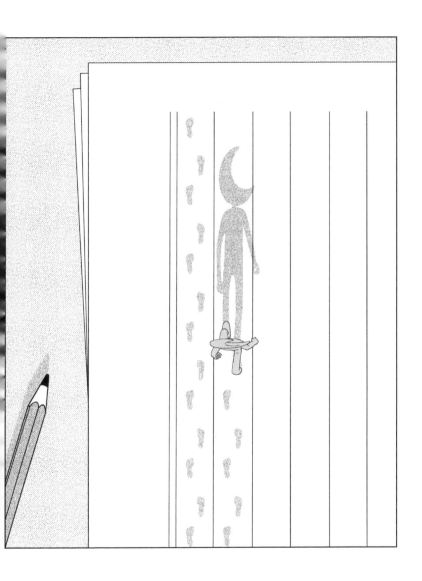

足跡

欲望總是把它們的滿足當作人的欲求的最後目標來哄騙我們，可是在一旦達成之後，願望就不再成為願望了，也就被忘懷和作為古董了，從願望到滿足又到新的願望，這是一個不停息的過程。

——叔本華

Arthur Schopenhauer

1788.02.22~1860.09.21

德國哲學家

欲望和需求是兩個東西，我們常常覺得不幸福，是因為不小心把欲望當成了需求。

從欲望的角度來說，擁有是無趣的，只有獲得才有趣。如果你生活在樹林，欲望會讓你想獲得一頂帳篷。如果你生活在帳篷裡，欲望就會讓你想獲得一棟房子……欲望不會滿足於某一標準，追求也永無止境。

欲望總是被沒有得到的東西所刺激，而不管已擁有的有多完美。欲望的座右銘是「想要更多」。

如果一樣東西你得到了，卻覺得不過如此，那麼這個東西其實是你的欲望。如果一樣東西你得到之後，依然愛不釋手，那麼這才是你真正想要的東西。

欲念

你在憤怒中消耗著自己，你用舌頭講話，卻伸出一把冷劍，討論你的復仇之夢。

——榮格

Carl Gustav Jung
1875.07.26~1961.06.06
瑞士心理學家、分析心理學創始人

很多人已經喪失了「好好說話」的能力，具體表現為「理屈詞不窮」。一方面，沒有辦法用平靜的態度、穩定的邏輯來陳述和論證自己的觀點；另一方面，把對方當出氣筒，以諷刺和挖苦為基調進行語言暴力輸出。

大多標榜自己說話直的人，只是不願花心思考慮對方的感受而已。愛是需要注意表達方式的，愈是重要的人愈要加倍溫柔地對待。

永遠不要說過分傷人的話，不要陰陽怪氣說狠話，不要假裝不在意說反話，不要惡語相向說氣話。不要明明在意偏偏裝作毫不在乎的樣子，不要明明柔和一點就可以解決問題偏偏要彆扭，不要明明可以好好說話偏偏語氣冰冷。

朋友們，不要耍酷，不要欲擒故縱，不要當冷漠的大人，要把最柔軟的一面留給最愛的人，不要只講道理，要多講愛。

隧道

不停地問「為什麼」的人，就像站在一幢建築物前讀導遊手冊的遊客一樣，忙於閱讀這間房子的建造歷史，以至於妨礙了他們看見這幢建築物。

——維根斯坦

Ludwig Josef Johann Wittgenstein
1889.04.26~1951.04.29
奧地利哲學家

最喜歡說「我不知道」的人，心裡真實的想法其實是「我不想面對」。

當你手裡只有鎚子，眼裡看什麼都會是釘子。世界一直在變，你不能老想著用舊方法來解決新問題。

所謂見世面，不僅僅體現在遊歷山川河流、星辰大海，體驗都市繁華、霓虹璀璨；還包括，你要見識到人心不古、世態炎涼、爾虞我詐，以及高風亮節、襟懷坦蕩、厚德載物；還包括，要體驗情感的各種尺度、物質的各個層面、精神的不同領域。

是懷著開放的心態，不卑不亢地見眾生；帶著不滅的好奇，滿懷熱情地見天地；以及秉著獨立的思考，返璞歸真地見自己。

美術館失竊案

每當我似乎感受到世界的深刻意義時，正是它的簡單震撼了我。

——卡繆
Albert Camus
1913.11.07~1960.01.04
法國小說家、哲學家

夢想什麼的，用不著那麼誇張，有個目標就行了。行動指南可以簡單一點。你想要減肥？別吃。你想要賺錢？拚命工作。你想要幸福？喜歡做的事就別放手。

　　還有，想見面就見面，花開了就慶祝，有想做的事就馬上開始，有不想做的事就果斷拒絕。被人欣賞就表達感謝，被人背叛就絕情一點，聚會不想去就不去，不喜歡聽的話就不聽。

　　喜歡大海就去看海，不開心就大睡一覺，餓了就去吃美味大餐。不舒服的事就不做，不舒服的人就不往來，不舒服的關係就不維持。把複雜的事情簡單化，讓簡單的事情更簡單。

　　不給自己添亂，生活就一點都不亂。不論什麼境遇，心情都不能亂套。

　　有一點情緒的時候，洗個熱水澡，作個糖果味的夢。一覺醒來，還有好多事情要去做，好多美味要去吃，好多人要遇見。

視窗之一

視窗之二

這是你的錯，都是你的錯！……如果我是弱者，這是你的錯。如果我是不幸之人，這是你的錯。羔羊說：我可以做所有老鷹會做的事，但我有本事就不這麼做，不是我要像老鷹，而是老鷹應該像我這樣做……

——尼采

Friedrich Wilhelm Nietzsche

1844.10.15~1900.08.25

德國哲學家、詩人、文化評論家

「有時候老鷹會飛得比雞還低，但雞永遠也飛不到老鷹那麼高。」

如果你拿了一個「受害者」的劇本，身邊所有的人都會成為「加害者」。

弱者最常幹的事，是把強者妖魔化。「他們永遠有一肚子的正義與自卑，這是他們應付強者最有力的武器。」而「人一旦迷醉於自身的軟弱，便會一味軟弱下去，會在眾人的目光下倒在地上，甚至比地面更低的地方」。

人生熠熠生輝的時候哪兒還有時間去矯情，去抱怨，去患得患失啊。

變強大並不意味著你要成為一個強勢的人，而是變得更加從容。當生活偶爾失控時，你不會再感到緊張、焦慮，而是對自己多了一份篤定，你知道自己會找到解決方法，這才是真的強大。

飛鳥

平庸的人喜歡與人交往，
喜歡遷就別人。這是因為
他們忍受別人要比忍受他
們自己來得更加容易。

——叔本華
Arthur Schopenhauer
1788.02.22~1860.09.21
德國哲學家

總覺得忍一忍之後就會好起來，真笨，人家不就是覺得你會忍一忍，才這樣對你嗎？

　　你要多久才會明白，大樹底下無大草，能為你遮風擋雨的，同樣也會讓你不見天日。不要做任何一段關係裡的乞丐，也不要在取悅別人的路上迷失自己。

　　所有的愛、人際關係、工作，都應該是放鬆的。你試圖去討好的、迷戀的，都不是真實的，反而是最脆弱也最沒意思的。

　　過自己的日子，不要總想著如何讓別人開心。如果一個人能快樂於你的快樂，這很好；如果不能，就各自快樂。把琢磨別人臉色的時間用來哄自己開心，大部分的煩惱就都解決了。

我畢生的願望就是可以和一個人達成同謀。我在你身上找到了這種感覺，同時也找到了生命的新的意義。

——卡繆

Albert Camus

1913.11.07~1960.01.04

法國小說家、哲學家

在愛裡，重要的不是那些浮於表面的溫暖或陪伴，而是在愛的過程中，憂鬱的人變活潑，懦弱的人變堅強，卑微的人變自信，木訥的人變可愛。

愛是有魔力的，它讓我們看到不一樣的自己，這才是愛贈予我們最重要、最值得歡呼雀躍的東西。

我們相愛，不是為了被人照顧，被人偏愛，被人寵到生活不能自理；我們相愛，是因為我們被對方吸引，我們互相探索，努力融合，互相取暖，互相依偎。

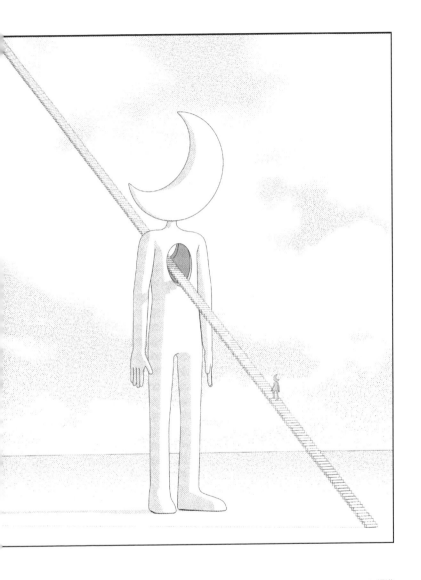

通道

個性像白紙，一經汙染，便永不能再如以前潔白。

—— 黑格爾

Georg Wilhelm Friedrich Hegel

1770.08.27~1831.11.14

德國哲學家

　　每個人都應該保持自己獨特的個性自由生活，而不是千方百計把自己塞進方方正正的模具，壓縮成同樣形狀的罐頭。

　　你知道喜惡同因嗎？就是不同的人，會因為你的同一個性格特點或做事方式而喜歡你，或者厭惡你。

　　有人喜歡橘子特有的味道，也有人討厭橘子特有的味道。作為「橘子」，如果你放棄自己的個性和價值，強行把自己打造成葡萄來招人喜歡，那意味著你吸引來的不是真正欣賞你的人。

　　真正能欣賞你的人，欣賞的永遠是你驕傲的樣子，而不是你故作謙卑和討好的樣子。

　　鮮明的個性，往往會讓喜歡與討厭你的人涇渭分明。你只要好好做橘子，自然會有人來喜歡你。

無用的素材

剝奪我們已經擁有的東西，比讓我們得不到該得到的東西要更嚴重。

——亞當·斯密

Adam Smith

1723.06.05~1790.07.17

蘇格蘭哲學家、經濟學家

大多數人經歷失去時的痛苦，是經歷得到時喜悅的 1000 倍。失去比得不到更可怕，因為它多了一個過程叫「曾經擁有」。

就像多年以後，你才終於意識到，對方說的「你一個人吃得完嗎？」的意思是「我可以過來陪你吃」，而當時你的回答卻是「就這些，我一個人可以吃三碗」。就像我們總是在離開那個夏天之後，才猛然發現它有多特別。

遺憾當然會有，但也要清楚，世界上很多事，包括戀愛和季節，都是去者不可追。

喜歡的部落客不再更新，沉迷的劇集迎來結局，喜歡的男女主角走向分手……就把所有要失去的東西都當作「借來的片刻歡愉而到了該歸還的時間」吧。只要當時的記憶是鮮活的，某一刻自己的心為之熾熱過，經歷便是有意義的。

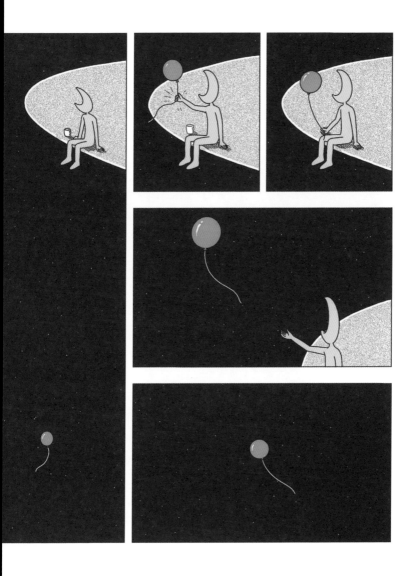

氣球

有了高興的事，我們應該去充分享受，
而不是停下來想「比起別人可能遇到的
好事，我這個簡直不足掛齒」。

——羅素
Bertrand Arthur William Russell
1872.05.18~1970.02.02
英國哲學家

「想要快樂，我們一定不能太關注別人。」

我們會花費很多精力和別人作比較，但請記住這句話：
「比較是偷走快樂的小偷。」換句話說，與他人的生活方式
作比較只會導致對自己的不滿。

你在朋友圈、網路上看到別人幸福或者光鮮的生活片
段，那就像電影的預告片，精華全在裡面了。至於整部電影
是好片還是爛片，還得看我們自己如何出演。

快樂是不分什麼淺薄或深刻的，只要能讓你在某些時刻
覺得「來一趟好值得」就很棒。

一個人幸福，不是因為他愛的東西他都有，而是因為他
有的東西他都愛。

迷你海洋

自由的保證是什麼？是對自己不再感到羞恥。

——尼采

Friedrich Wilhelm Nietzsch

1844.10.15~1900.08.2

德國哲學家、詩人、文化評論》

找到一個喜歡你原本的樣子、從不曾試圖改變你、願意為你的每一點進步歡呼、不對你的人生指點江山、不讓你恃寵而驕、不拿自己的人生經驗來左右你的人很難，如果找不到，先讓自己成為這樣的人吧。

　　對自己無條件自信的感覺真是太好了！什麼是無條件自信？就是面對驚喜和溫柔，在表達謝意的同時，告訴自己是因為自己夠好，才得到這些確幸。遭遇失意時，堅信自己能解決，並從中獲得有用的經驗。好運、驚喜、委屈、哭泣通通照單全收，並始終堅信自己值得最好的。

　　在自己喜歡的時間裡，按照自己喜歡的方式，去做自己喜歡做的事，這就是自由人的定義。

單向度的人即所謂的喪失否定、批判和超越能力的人。這樣的人不僅不再有能力去追求，甚至也不再有能力去想像與現實生活不同的另一種生活。

—— 馬庫色

Herbert Marcuse
1898.07.19~1979.07.29
德裔美國哲學家、社會學家

愈長大，心就被生活磨得愈粗糙。與其說生活變忙碌了，倒不如說我們的心變麻木了。

不要變成見了任何金色晚霞都只會說「不就那樣嗎？」的人；不要變成認為種花沒用，不如種棵蔥來炒菜的人；不要變成拒絕有趣的事情，認為那是小孩子才幹的事的人。

要變成那種永遠會為多彩的晚霞、翻滾的浪花、撒嬌的貓咪、初升的月亮、美味的飯菜、春風拂面而歡呼雀躍、蹦蹦跳跳的人。

希望你能見識更多讓你驚奇的事物，體驗未曾體驗過的情感，遇見一些懷揣奇妙想法的人，然後為自己的人生感到驕傲吧。

能把生活過得熱氣騰騰的人，掌握著這個世界的另一種魔法。

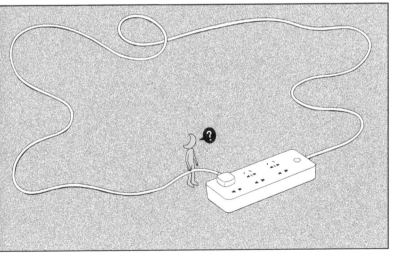

電源

我們一直尋找的，卻是自己原本早已擁有的；我們總是東張西望，唯獨漏了自己想要的，這就是我們至今難以如願以償的原因。

——柏拉圖

Platōn

429 B.C.~347 B.C.

古希臘哲學家、希臘三哲之一

人類具有把寶物輕易變成破爛的能力。喜歡的得不到，得到了不珍惜；擁有時不在意，失去了才懷念；懷念時想相見，相見時又恨晚。終其一生，滿是遺憾。

我們習慣於將得與失分開看待，但其實人生就是有得就有失，像是，你在奶茶和薯片中得到了滿足，同時也失去了你的小蠻腰。

重點不是得到或失去過什麼，而是在得與失的流轉中，我們是否重新審視過自己，是否思考過哪些是對自己真正重要的、值得珍惜的。

保持愉悅生活最大的奧妙就是，學會珍惜自己眼前擁有的，不去惦記錯失的那部分。

過了秋楓冬雪，便會迎來春天的櫻花。也就是說，今日的遺憾，來日一定會實現。

〉拾荒

089

未被表達的情緒永遠不會消亡。它們只是被活埋，並將在未來以更加醜陋的方式湧現。

——佛洛伊德
Sigmund Freud
1856.05.06~1939.09.23
奧地利心理學家、哲學家

世界上有太多的苦痛，很多人選擇逃避，不去面對，他們坐在隱形的輪椅上，身上打著看不見的石膏，艱難度日。

閉上眼睛，並不能使內心的擔憂和恐懼消失；逃避真實，並不能保證自己就能守住慘澹經營的小天地。虛假的東西總有分崩離析的一天，乘坐一艘漏水的船，可以駛過小溝小河，但絕對經受不住大海大洋的考驗，欺騙和麻醉自己的時間越長，痛苦越多，人生越悲戚。

既然該來的總是要來，迎著刀鋒而上是最好的選擇，起碼節省時間。

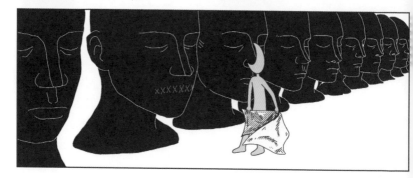

》沉默者

〉床頭毒物

我們總是先揚起塵土，然後抱怨自己看不見。

——柏克萊
George Berkeley
1685.03.12~1753.01.1
愛爾蘭哲學家、
英國近代經驗主義代表人物之一

辛波絲卡說：「有生之年我無法找到任何理由替自己辯解，因為我自己即是我自己的障礙。」

這種困境，幾乎是所有不願接受改變的人的困境。他們就是白堊紀的霸王龍，也許曾經是世界的巨無霸。新的紀元已經開始，他們並不知道。

永遠不要在任何事上自我設限。不要把自己侷限在什麼「年齡太大，能力不行」的狀態裡，也不要用「我從來沒試過，怕自己做不好」這樣的句型困住自己。跳出那些條條框框，別拒絕命運拋給自己的各種橄欖枝，人生真的還有很多可能。

掙脱

當一個人不可誘惑、不可冒犯和不可動搖的時候，他身上就具備了某些迷人的東西。

──漢娜‧鄂蘭

Hannah Arendt

1906.10.14~1975.12.4

德國政治哲學家、作家

　　每個人身邊都有一個磁場環繞，而你的磁場也吸引著與你磁場相同的人和事。你只要形成自己的一套行事風格，並發自內心認可自己，那麼你身邊的人就會自己調整，變換出一種能和你相處下去的模式和心態。

　　你不想想辦法，別人就想想辦法，非常神奇，但事情就是這樣。

　　一個人魅力體系的形成，其實必須在某些時候冒一點不被喜歡的風險，盲目地增加僅僅是「看你順眼，不討厭你」的受眾，很難產生讓人狂熱的不可替代的吸引力。

　　當你自信十足，覺得自己超級無敵棒，從內到外閃閃發光，做事也非常有幹勁，元氣滿滿的時候，那個你一直喜歡卻不知道對方想法的人，那個你日思夜想的絕妙機會，那個你渴望得到的資源，都會一下子朝你湧來。

暗舞

如果你不反叛，只是接受你的環境，你也會有一種安寧，一種僵死的安寧。但是如果你努力去突破你的環境，並且親自去探索什麼是真相，你就會發現另一種安寧，一種不再停滯的安寧。

——克里希那穆提

Jiddu Krishnamurti

1895.05.12~1986.02.17

印度作家、思想傳播者

沒有對抗能力的人，總想逃到自己的安全錯覺裡。

躺贏這件事，根本不存在。走出舒適區，不是讓你盲目行動，而是提醒你，別一味沉浸在過去的安逸裡，危機隨時會來，什麼都不做就只能坐以待斃。

所謂的反叛精神，不是要你與世界為敵來彰顯自己的與眾不同，而是在認清自己，比任何人都清楚自己想要什麼後，沒有什麼能阻擋你去實現它。

我們都需要一顆強大的心，去對抗生活的難。接受當下遇到的困難，做你覺得正確的事情，去追隨使你安寧的東西，得到你想要的答案、想要的愛、期望的未來。你在一步步努力走向未來的同時，更好的未來也會選擇你。

陷阱

攝影的欲望大概來自這樣一種觀察：從宏觀角度看去，這個世界十分令人失望。從細節上看，讓人驚訝的是，世界總是十分完美。

——尚・布希亞
Jean Baudrillard
1929.07.29~2007.03.06
法國社會學家、哲學家

　　這就是拍照的意義：你拍下的何止是照片，你還記錄了好天氣、好心情，是無數個美好瞬間，是青春，是歲月，是再也無法複刻的怦然心動。

　　無論是用文字還是照片來記錄，都是對平凡生活的溫柔反抗。可以淺淺地記錄，瘋狂地記錄，精緻地記錄，粗糙地記錄。可以記錄愉快的瞬間、美好的風景、街頭的見聞，可以記錄喜悅、惆悵、崩潰、暢快。

　　你也許不曾料想到，你記錄下的無數個自以為平凡無奇的瞬間，會成為日後反覆拯救自己的開關。

　　當你回顧過去，想起那些被遺忘的時光、體會過的愛、曾擁有的幸福，就彷彿感受到了那天的甜，生活就又有了動力。原來我們頻繁地記錄生活，是因為生活值得。

天藍色

人類從歷史中學到的唯一
教訓，就是人類沒有從歷
史中吸取任何教訓。

——黑格爾

Georg Wilhelm Friedrich Hegel
1770.08.27~1831.11.14
德國哲學家

不到黃河不死心，不見棺材不落淚，不撞南牆不回頭，這可能是人身上最難改掉的「惡習」。

雖然事故都一模一樣，不斷重複，但是人們極少會從事故中吸取教訓，因為他們始終堅信「兩個不一樣」：這回不一樣，我和他們不一樣。而實際上呢，每次都一樣，每個人都一樣。

絕大多數人是沒有記性的，愚昧的人只會重蹈覆轍，而極少數聰明的人會從失敗裡吸取教訓。

成長是特別艱難的自省，你必須拋棄所有說給別人和自己聽的漂亮話，正視自己的無知和失敗，甚至被一遍又一遍地打破、割裂，推翻以前所有的觀念和想法再重組。

然後你才懂得，從「愚昧之巔」跌到「絕望之谷」，再慢慢地爬上「領悟之坡」，最後站上「成為自己的高原」，這是多麼漫長的成長之路，也是一個人的必經之路。

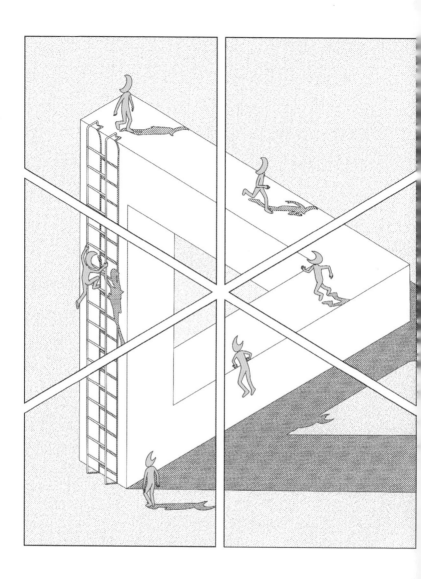

》無盡路

問題

如果你想走到高處，就要使用自己的兩條腿！不要讓別人把你抬到高處，不要坐在別人的背上和頭上。

——尼采
Friedrich Wilhelm Nietzsche
1844.10.15~1900.08.25
德國哲學家、詩人、文化評論家

面對生活，我們常常感歎：「唉呀，好累啊，我不行了！」這個「好累啊」是無法避免的事實，然而是不是真的「不行」，還得看我們自己。

我們太容易把生活視作線性的、前進的、向上的過程，但生活恰恰是螺旋的、有進有退的、迂迴曲折的。

真正有價值的事情，都不是輕鬆舒服就能完成的。那些晨間的寂靜，不眠的星光，清醒的克制，孤軍奮戰的堅持，暗暗許下的承諾，都彰顯了你的熱愛。

你熱愛或者專注的事，永遠都有一個糟糕的開頭：無從下手，爬坡艱難，無人問津。但走向頂峰的路永遠是山路十八彎，路邊的小花總是獨自綻放的，谷底的藤蔓也不是一下子長成的。未來的成功，由一次次執著的決心堆疊而成。

給自己時間，要相信生命的韌性是驚人的，跟自己向上的心合作。所有別人不相信的事情你都要一一去做，親自體驗一下早已註定的失敗以及不可理喻的成功。

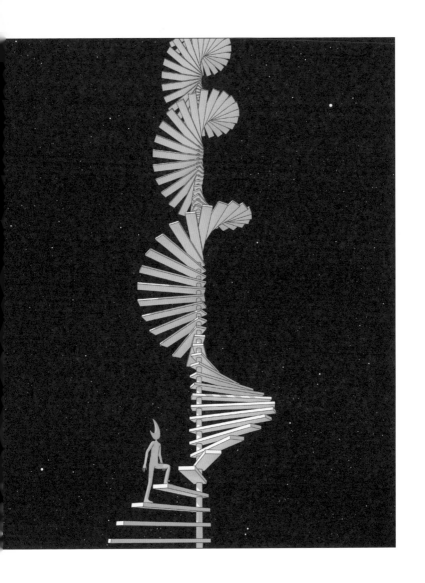

螺旋式

107

陷入哲學困境就像這樣一種情況：一個人在房間裡想要出去，卻又不知道怎麼辦。想從窗戶跳出去，可是窗戶太小；試著從煙囪爬出去，可是煙囪太高。然而只要一轉過身來，他就會發現，房門一直是開著的！

Ludwig Josef Johann Wittgenstein

1889.04.26~1951.04.29

奧地利哲學家

陷入人生困境時，人往往不是屈服於環境或外力，而是被自己的內心一再擊垮。

　　你以為的「最佳選擇」根本不算選擇。如果你只擁有兩個選擇，一個是餓死，另一個是以被敲詐的高價向鎮上唯一的店家購買麵包，這算什麼選擇呢？

　　走不出觀念的牢籠，你在任何地方都是自我的囚徒。

　　有時候，你可能覺得生活中所有的門都關上了，但要記住，關上了並不代表鎖上了。有兩個字可以為你開啟許多扇門——「拉」和「推」。

　　如果生活把你的門關上了，那你就再打開，這就是門，門就是這樣用的。

出路

迷路員

現代人誤以為自己知道自
己想要什麼，而實際上他
所想要的是別人期望他要
的東西。

——佛洛姆

Erich Fromm

1900.03.23~1980.03.18

美籍德國猶太人
人本主義哲學家和精神分析心理學家

有時候你是真的搞不清楚什麼是自己想要的，你只是學會了如何得過且過而已。所以你明明有了西瓜，卻偏偏又看中了芝麻。

哲學家馬庫色認為：很多需要其實不是人真正的需要，而是社會灌輸給我們的需要。

例如你去超市買洗衣粉，結果買了一堆洗衣精、洗衣膠囊、增白洗衣皂……回過神來，才想起你只是想買一包洗衣粉。迷失在不需要的東西裡，大概就是這樣的感受。但你不能怪超市廣告，他們當然要告訴你，這些東西對你很重要，這是他們的工作。而如果你相信每一件東西對自己都很重要，那你還沒有明白「重要」的意思。這種情況下，不拿下你，拿下誰？

永遠不要放棄你真正想要的東西。等待雖難，但後悔更甚。

》 木偶之一

木偶之二

115

社交聚會要求人們作出犧牲，而一個人愈具備獨特個性，就愈難作出這樣的犧牲。因此，一個人逃避、忍受或喜愛獨處，和他自身具備的價值恰成比例。因為在獨處時，可憐蟲會感受到自己的全部可憐之處，而思想豐富的人只會感覺到自己豐富的思想。

——叔本華

Arthur Schopenhaue

1788.02.22~1860.09.2

德國哲學家

每次經歷長時間社交，都會有一種油盡燈枯的感覺，這種現象叫作「感官超載」。此時最需要做的是不被打擾，安靜地待上一段時間。

　　不必為了強行融入圈子而花費大量的時間、精力去瞭解那些沒有營養的新聞八卦。允許自己有參與不了的話題，是另一種社交自信。

　　不擅長社交，説明你與自己很親密。如果你用這段時間，與自己相處，多看一本書，去做想做的事，並把自己變得優秀。等你度過低潮，你會感到自己電量滿格，又重新愛上人間。

　　孤獨是無罪的，是追求自我實現和幸福感的一種積極態度。很多時候，你開自己的花，結自己的果，想要風吹來，風自然會來。

消耗

獨處

在世界的任何角落都有人坐著等待，機會真正來臨的時候，他們卻驚恐地發現，自己的四肢已經麻木。

——尼采

Friedrich Wilhelm Nietzsche
1844.10.15~1900.08.25
德國哲學家、詩人、文化評論家

等買了專業的電腦，我就可以認真學程式設計了，現在的電腦太爛，一點學習的欲望都沒有；等我配齊了一整套運動裝備，再去跑步鍛煉吧，穿得不專業，肯定沒法堅持下去的；等我再優秀一點，變漂亮了，再去和喜歡的人告白吧，現在還配不上呢……等吧，等吧，等吧。

為了追求所謂的完美，一步步地推遲自己行動的時間，到最後常是什麼都沒有做，什麼都得不到。

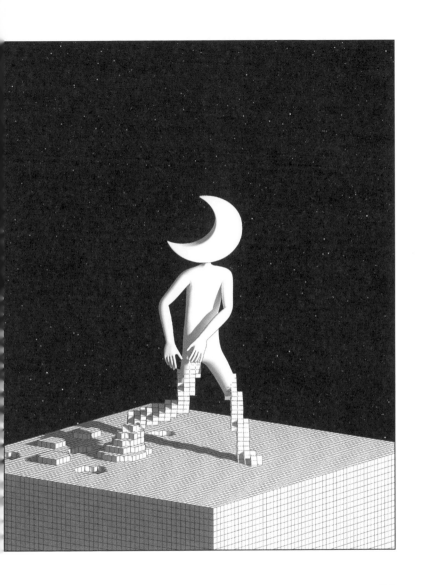

固化

121

過分的執著會帶來毀滅。

——泰利斯

Thales of Miletus

624–620 B.C~548–545 B.C.

古希臘哲學家、天文學家

活得不好的人，都是輸給了自己的固執，輸給不可理喻的固執。他們不是「不知道錯了」，而是「我知道，但我就是改不了」。

　　「強扭的瓜不甜，可是解渴啊」是一種選擇，但更好的選擇其實是，不甜的瓜就不要了。

　　不要為打翻了的牛奶而永遠哭泣，不要讓你的生活永遠停留在糟糕這個章節。翻篇吧！把艱難的這篇翻過去，下一段、下一頁、下一章，另起一行，重新寫起。

》概率事件之一

概率事件之二

人們可以撫摸一個夢，就像撫摸一隻家貓。但人們不能撫摸現實，因為現實就像一隻野貓。

——尚·布希亞

Jean Baudrillard

1929.07.29~2007.03.06

法國社會學家、哲學家

生活如同一朵玫瑰，每片花瓣代表一個夢想，每根花刺昭示一種現實。

所謂夢想，不一定會在終點給你驚喜，但至少，它會支撐你出發；而所謂現實，是就算沒有驚喜，你終於知道自己為什麼出發了。

好的人生過程，說不定正好是「狗熊掰棒子」[1]。一邊與夢想連接，獲得力量；一邊認清現實，始終保持人間清醒。

不必操之過急，不必盼著把前路走寬。比起這些，我們更應該去聞聞樹木的清香，去感受哐噹、咔嚓之類的生動聲響，要給眼球裝上自動柔焦功能。

不要害怕「現實」這個詞，它另一個富有活力的名字叫「生活」，而我們，也是奔著生活裡那一點香甜去的。

---

1 編注：狗熊掰棒子：中國俗諺，意指瞎忙一場。

纏

我們 40 歲時死於一顆我
們在 20 歲那年射進自己
心裡的子彈。

——卡繆

Albert Camus

1913.11.07~1960.01.04

法國小說家、哲學家

當我們在市場上待價而沽，在辦公室裡累到昏厥，在電腦前崩潰大哭，總是忍不住懷念無憂無慮的青春時光。

　　很多幸福和快樂都是後知後覺的，身在其中的你以為那只是一劑空槍，多年後才發現那顆子彈實實在在地打在了自己身上。

　　人生最大的遺憾，是一個人無法同時擁有青春和對青春的感受，總有一些東西要靠失去來證明它的珍貴。

　　在你擁有青春的時候，就要感受它。有喜歡的人就去追，哪怕到頭來是一場錯過；有想要的夢就去作，哪怕最後一場空。

　　不要虛擲你的黃金時代，不要去傾聽枯燥乏味的東西，不要設法挽留無望的失敗，不要把你的生命獻給無知、平庸和低俗。等有一天美夢成真了，那就不會是一顆遲來的子彈，而是一份遲到的禮物。

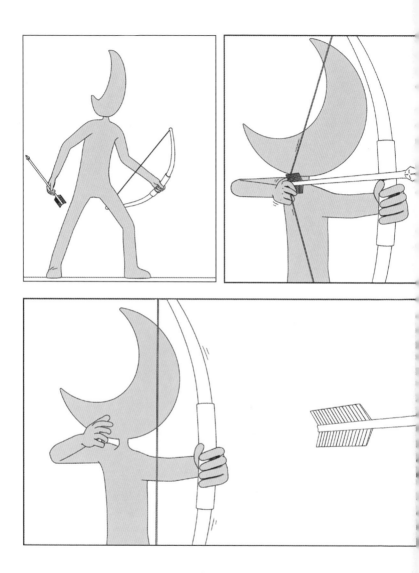

穿心之一

穿心之二

面對無法回頭的人生，我們只能做三件事：鄭重地選擇，爭取不留下遺憾；如果遺憾了，就理智地面對它，然後爭取改變；假若也不能改變，就勇敢地接受，不要後悔，繼續朝前走。

——蘇格拉底

Socrates
470B.C.~399 B.C.
古希臘哲學家

A. S. 拜雅特在《佔有：一部愛的浪漫傳奇》（*Possession*）裡寫道：「終有一天，我們免不了一定會覺得痛苦、覺得後悔—單單就我而言，我寧可讓自己是因事情發生了而後悔，而不是後悔著一切只能停留在空想，我寧可讓自己是因知道明白了而後悔，而不是後悔著自己僅僅只能盼望，我寧可讓自己是因有所為而後悔，而不是後悔著自己一再猶豫卻步，我寧可讓自己因一場真實的人生體驗而後悔，也不要讓自己病態地只能揣想著事情的種種可能。」

希望與失望是雙向的，重要的是，提醒自己，盡量不要因為對一個遺憾耿耿於懷，而締造更多的遺憾。

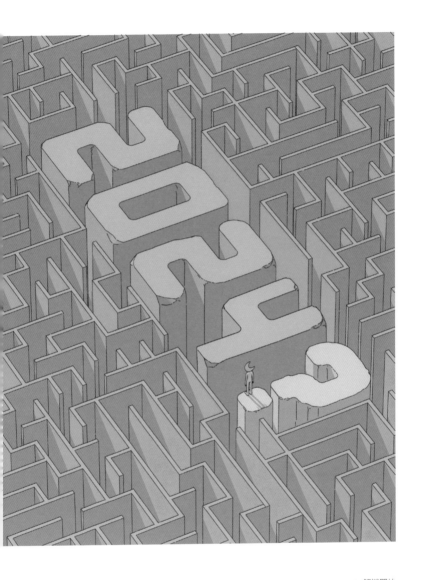

解謎開始

一條彈簧如久受外物的壓迫，會失去彈性，我們的精神也一樣，如常受別人的思想的壓力，也會失去其彈性。

——叔本華

Arthur Schopenhauer
1788.02.22~1860.09.21
德國哲學家

很多人都不明白，無論是誰，一旦受到了超過限度的壓力，都會發脾氣、哭泣，變得有攻擊性、抑鬱，無法保持理智。

人類太容易被摧毀了。一個人之所以能成為正常人，是因為他處在正常的環境中，並不是因為他本應是個正常人。

生活不會因為你心弦緊繃而事事順遂。過鬆弛一點的人生，也沒什麼不好。

鬆弛，不是徹底的不焦慮，只過隨性的生活，而是你可以把心落在安全區的感覺。有責任，但懂得適度從重負下出離，忙裡偷閒地喘口氣；有壓力，但知道從疲憊的狀態中擺脫，來一次久違的放鬆。

煩惱絲

人對外部世界首先應當盡力而為，只有在竭盡所能之後，才沉靜接受人力所無法改變的部分。

——馮友蘭

1895.12.04~1990.11.26
中國哲學家

玩遊戲連續 10 次通關不過時，往往會暗下決心：「我偏要再打一次試試！」怎麼在生活中稍微遇到一點困難就妥協了：「算了，順其自然吧。」

我們總是喜歡拿「順其自然」來敷衍人生道路上的荊棘坎坷，卻很少承認，真正的順其自然，是竭盡所能之後的不強求，而非兩手一攤的不作為。

假如試都不試一下，那一切都會是老樣子。「試試」是我們笨拙而熱烈的人生中不可或缺的一部分，就算沒有成功，那也少了很多遺憾不是嗎？就豁出去吧，把這不得不過完的一生，變成值得慶賀的一生。

一種很自在的活法是：不對任何人和事做關於結果的預期，但用盡全力享受了所有交匯的時刻，於是能夠平靜大方地接受之後的所有可能。

浮游

我們很少信任比我們好的人，寧可避免與他們來往。相反，我們常對與我們相似、和我們有著共同弱點的人吐露心跡。我們並不希望改掉弱點，只希望受到憐憫與鼓勵。

——卡繆

Albert Camus
1913.11.07~1960.01.04
法國小說家、哲學家

嫉妒是人之常情，但是嫉妒情緒來襲之後，是黑對方？還是追趕對方？才真正把人區分開來。

肯承認別人優秀的人，往往自己也不會太差。因為他懂得欣賞，這是進步的前提，而不是去貶低，用語言強行把別人拉下來。

能夠發自真心地去欣賞一個人而毫無所求，真的很了不起。這需要一個人確實地看見並且辨別出另一個人的美好特質，而不只是看見借助這種特質表現出的優點，還需要一些平和、包容、慷慨，因而讓這種能力顯得很珍貴。

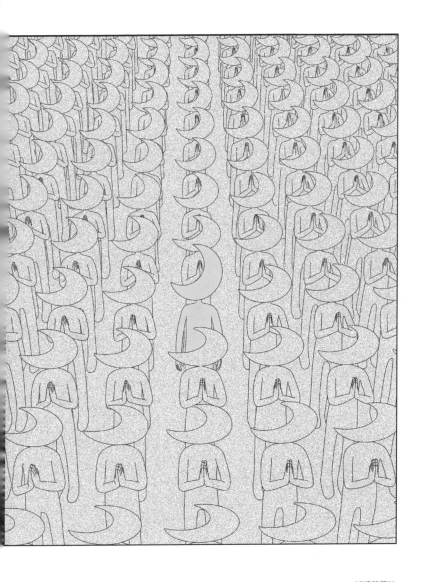

祈禱落幕時

139

人就像寒冬裡的刺蝟，互相靠得太近，會覺得刺痛；彼此離得太遠，卻又會感覺寒冷。人必須保持適當的距離過活。

——叔本華

Arthur Schopenhauer

1788.02.22~1860.09.21

德國哲學家

人間的美感，來自距離的拿捏。

最理想的關係是人與貓之間的關係——簡單，平等，自由，放鬆，隨意，彼此尊重，彼此包容，彼此依賴，彼此牽掛，有清楚的邊界，從不過分叨擾，各自獨立，偶爾相依，既熱切又有分寸，留有空間又相互為伴，彼此需要又互不影響，不約束也不干涉對方，又可以分享一切。

寒冬夜行人之一

寒冬夜行人之二

143

靠努力換回的愛往往會使
人生疑。這種愛常常會讓
人痛苦地感到：歸根結底
我不是被人愛，而是被人
需要而已。

1900.03.23~1980.03.

美籍德國猶太人

人本主義哲學家和精神分析心理學

144

許多事情愈想努力做好效果就愈糟，比如愛情、入睡和舉止自然……

直覺這個東西真的很準。你察覺到的所有怠慢、敷衍，你感受到的所有不愛、不再關心，並不只是察覺，而是事實。

如果一段關係，總讓你處於「不安、疑惑、反覆確認」的情緒中，你大概不在愛情裡，但誤以為那是愛情，以為自己被需要，或者以為自己需要某個人。

當一段感情僅僅靠你主動來維持，那麼就到了該離開的時候了。坐錯車並不可怕，不能因為已投了幣上了車，就捨不得下去。如果有些人在你生命中缺席能帶來平靜，那就不算損失。

長梯的中央

147

就算人生是齣悲劇，我們也要有聲有色地演這齣悲劇，不要失掉了悲劇的壯麗和快慰；就算人生是個夢，我們也要有滋有味地作這個夢，不要失掉了夢的情致和樂趣。

——尼采

Friedrich Wilhelm Nietzsche
1844.10.15~1900.08.25
德國哲學家、詩人、文化評論家

生活就像玩遊戲，今天來玩這一把就要盡興。

你早上醒來，選擇你的角色，各種任務和困難尾隨而至，你要選擇撿起哪些寶物，選擇攜帶哪些裝備，生活就是這樣的。很快你就會知道，你一直都是自己遊戲的主角，正上演著自己的命運。

在這場遊戲裡，你或許是別人人生的配角，但你絕對是自己人生的主角。你可以隨時選擇一種新玩法讓遊戲更精彩，可以扮演不同類型的角色，也可以退出重來。最重要的是，當你撐不下去無法堅持走到下一關的時候，會有 NPC（非玩家角色）出現來為你指引方向、幫你渡過難關。

夢

你擔心什麼，什麼就控制你。

——約翰·洛克

John Locke

1632.08.29~1704.10.28

英格蘭哲學家、
英國近代經驗主義代表人物之一

　　現在的情況是：知道且看到了人有很多種活法，只要行動起來怎樣都能活，怎樣都能活得不錯，同時守著自己那一畝三分地一動不動。但心裡的某個地方，還在想著毫無進展的工作，急得不得了。這樣的話起來幹活不就得了，卻又不想起來。

　　縱容你的人是你自己，緊逼你的人還是你自己。

　　焦慮說穿了，就是大腦在創造關於你自己的陰謀論，別讓它得逞。

　　想要減緩焦慮的話，可以試著不去想還沒發生的事，不去擔心結果，把自己的情緒和注意力都鎖死在當下。當下有愛，那就享受愛；當下有困難，那就解決困難。盡可能想得近、想得細，然後按照順序，一件一件地用心去處理好眼前的問題。只要這麼做，你心中的不安便不會再任意膨脹，只因你採取了具體的行動。

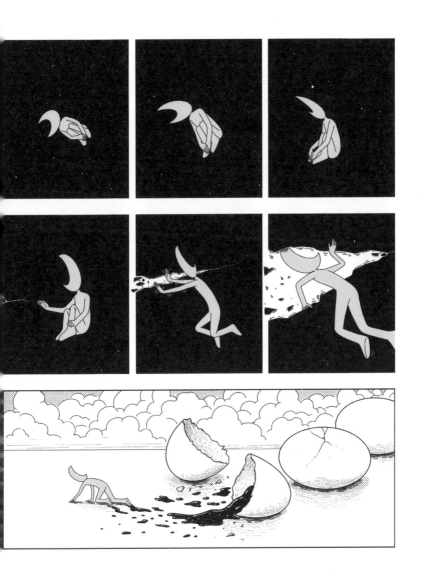

萬物皆有裂縫

許多人對於生活作出自己結論的方式就像小學生一樣，他們抄襲算術課本裡的答案以欺騙老師，而沒有心思由自己算出得數。

——齊克果

Søren Aabye Kierkegaard
1813.05.05~1855.11.11
丹麥哲學家、神學家

許多人活得並不像他們自己。思想是別人的意見，生活是別人的模仿，情感是別人的引述。

你必須活得像個原創，否則就會成為社會文化的鏡子，即大家怎麼想，你就怎麼想；大家要什麼，你也要什麼。

你可以聽到一切答案、技巧、經驗，但那並不屬於你。你並不會更聰明，因為你的經驗全是別人的二手經驗；你也不會更博學，因為你聽到的東西並沒有真正去驗證。

如何活得像個原創，說起來挺簡單——尊重你的感覺。你的夢想，值得你本人去爭取。你的生活，絕不該是對別人生活的冷淡抄襲。

記住，人生的試卷是自己出題，亂寫也是滿分。

無限的寬容必將導致寬容的消失。

——卡爾·波普爾

Karl Raimund Popper

1902.07.28~1994.09.17

奧地利哲學家

老好人就像天上的神明。第一，適合對其講述歡喜；第二，適合對之傾訴不幸；第三，可有可無。

別以為曲意逢迎能換來美好結果，無底線的寬容只會招致更多放肆。若你的嬉笑太盛，便無人在意你的認真。你若凡事忍讓，一切都原諒，時間久了，別人自然就會忘記你也會不開心，遇到問題也不用考慮你的意見。假如有一天，你一臉慎重自己爭取起碼的尊重，別人會以為你今天發了神經。

翻臉的目的，不是製造衝突，而是告訴別人你的底線在哪裡。如果你的溫柔和善良得不到應有的尊重，那麼解決人際關係最直接的方法就是翻臉。

笑

155

人生就像弈棋，一步失誤，全盤皆輸，
這是令人悲哀之事；而且人生還不如弈
棋，不可能再來一局，也不能悔棋。

——佛洛伊德

Sigmund Freud
1856.05.06~1939.09.23
奧地利心理學家、哲學家

生活中發生的事，如果合乎理想，是我們的福氣，如不，就當作經驗。

當你把「這種事為什麼發生在我身上」的想法替換成「凡事發生必將有益於我」，就會發現很多事情都變得不同了。

一切是為你而來，不是刻意針對你。考試失敗了，但備考的過程見證了自己的潛力；被甩了，說明對方沒有愛你的福氣；朋友背叛，說明你們本就不是一路人，有多遠跑多遠；工作遇到問題，那是老天在善意提醒你此路不通，要重新規劃路線。

生活把最難堪的一面攤給你看，不是嚇唬你，讓你畏縮，而是告訴你：沒關係，很多人都是這麼過來的，不影響你做該做的事，過想過的生活。世間一切發生在你身上的必有利於你，助你強大，助你堅韌，助你無堅不摧。

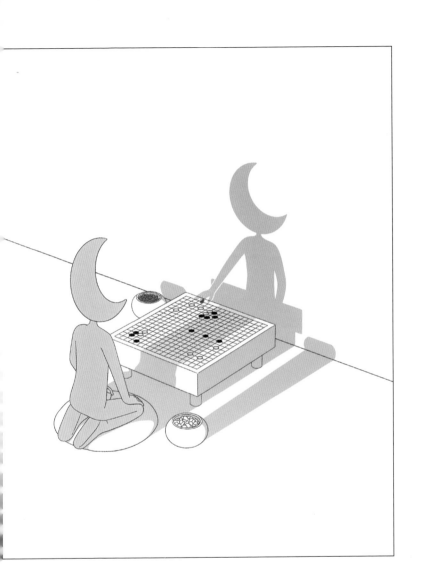

棋

如果你繼續去尋找幸福是由什麼組成的，那你永遠不會找到幸福。如果你一直在找人生的意義，你永遠不會生活。

——卡繆
Albert Camus
1913.11.07~1960.01.04
法國小說家、哲學家

里爾克的《致年青詩人十封信》中有一段話常看常新。若你感到疑惑、迷茫，希望它能給你啟發：

「要容忍心裡難解的疑惑，試著去喜愛困擾你的問題。不要尋求答案，你找不到的，因為你還無法與之共存。重要的是，你必須活在每一件事情裡。現在你要經歷充滿難題的生活，也許有一天，不知不覺，你將漸漸活出寫滿答案的人生。」

要去生活，而不要去想像生活。在你開啟征途的那一刻，比「加油」這個詞再溫暖一點的是，無論你志在必得還是胸中志忑，無論你順心如意還是難過失落，你都將在長路的終點，得到自己關於生活的答案。

獲得幸福的祕訣，並不在於為了追求快樂而全力以赴，而是在全力以赴中尋找快樂。

雲海

雨水

如果我們懷疑一個人說謊，我們就應該假裝相信他，因為他會變得愈來愈神勇而有自信，並更大膽地說謊，最後會自己揭開自己的面具。

——叔本華
Arthur Schopenhauer
1788.02.22~1860.09.21
德國哲學家

　　說謊的人無非分兩種：一種是說謊的人學識與常識都太淺薄了，所以一張嘴就是讓人滿頭問號的瘋話，聽到最後你也很迷惑：「這種事也能撒謊？」另一種就是過於想把自己包裝成完美形象，人設從一開始立得太完美，後面只能不斷地用謊言來掩蓋謊言，最後只能在雪崩之前叫停。

　　時間是一把戳穿虛偽的刀，它驗證了謊言，揭露了現實，淡化了承諾。

　　所謂日久見人心，不是時間長了人會變，只是面具掉了。

思路

163

在世人中間不願渴死的人，必須學會從一切杯子裡痛飲；在世人中間要保持清潔的人，必須懂得用髒水也能洗身。

——尼采

Friedrich Wilhelm Nietzsche
1844.10.15~1900.08.25
德國哲學家、詩人、文化評論家

如果一個蠢方法有效，那它就不是蠢方法。關鍵時刻，隨手能用的東西，比雖然很厲害但不順手的東西好 100 倍。

不要因為一個無解的問題而耽擱另外一個有解的問題，先做能做的，別為缺失的板塊煩惱，別被看起來很嚴重的東西嚇到，隨時操起你手上有的傢伙。

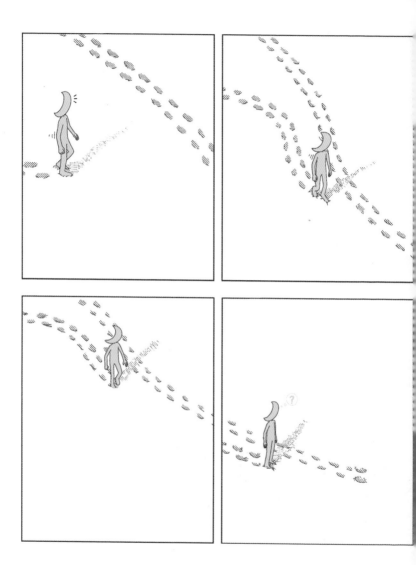

尋隱之一

尋隱之二

尋隱之三

168

尋隱之四

尋隱之五

尋隱之六

所有的人把時間花在了互相解釋以及慶祝他們意見相同上。我的天，他們是有多看重「所有的人意見相同」這件事。

——沙特

Jean-Paul Charles Aymard Sartre

1905.06.21~1980.04.15

法國哲學家、小說家

只要我們還在為等不到的關注而哭鬧，那就意味著我們在心理上仍未斷奶。

總覺得有些事還可以完成得更好，總覺得有些遺憾還未填平，總覺得別人的看法好像更重要。一個個「總覺得」，讓我們離自己本來的樣子愈來愈遠。

這個毛病得改。總不能因為這世上有人跟你「道不同」，就不好好走自己的路吧。

如果做任何事情總是試圖得到別人的認同，那只能證明你做它的時候底氣不足。表面上是尋求認同，實際上是為了鋪設退路。

當自己的想法和別人的意見相左時，毫不猶豫地挺自己就好了。

一個強大內心的表現是：我永遠認可我自己，我有勇氣敞開心扉迎接一切新的變化和想法，我不會因為別人的反應而惶恐不安，不會因外界的評價而自我懷疑，我允許不認可的聲音，但我不在意。

一個人的興趣愈廣泛，他擁有的快樂機會就愈多，而受命運撥弄的可能性也就越小，因為即使失去了某一種興趣，他仍然可以轉向另一種。

——羅素

Bertrand Arthur William Russell
1872.05.18~1970.02.02
英國哲學家

人生所有的迷惑和彷徨，都因我們缺乏熱愛的東西。

　　從某種程度上來說，你愛的東西多一點，你愛這個世界就多一分，也更容易從苦悶中解脫出來。如果你愛電影，看到好電影你會開心；你愛吃，一頓美食就能解救你。跑步、瑜伽、畫畫、演唱會、旅行……都一樣。

　　很微妙，你愛的東西，有時候就是能拉你一把的存在。如果你什麼都無所謂，什麼都提不起興致，那麼能讓你開心的東西是少之又少的，別人想拉你一把，也無從下手。

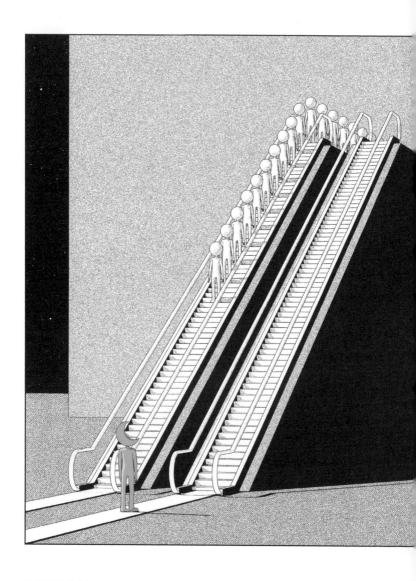

向左走向右走之一

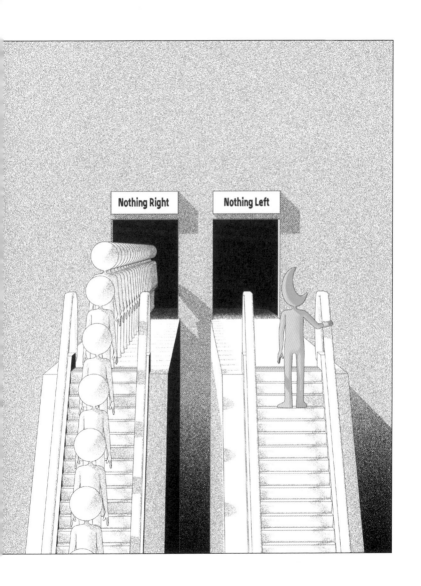

向左走向右走之二

我們不能期待別人隨時體察我們的情緒，沉默換不來別人的幫助，如果我們需要幫助，就要用語言表達出來。

——阿德勒
Alfred Adler
1870.02.07~1937.05.28
個體心理學派創始人

　　生命力頑強的主要特徵是，哪怕是在最黑暗的環境裡，也不放棄尋找那最微弱的光，並且在看到那絲微弱的光之後，無畏且不計代價地奔向它。

　　這樣的人會本能地去尋覓對自己的生命最有幫助的人，並堅決而堅持地奔向這些人尋求幫助，而不是被動、畏懼和悲哀地待在原處，等待別人來拯救他們。

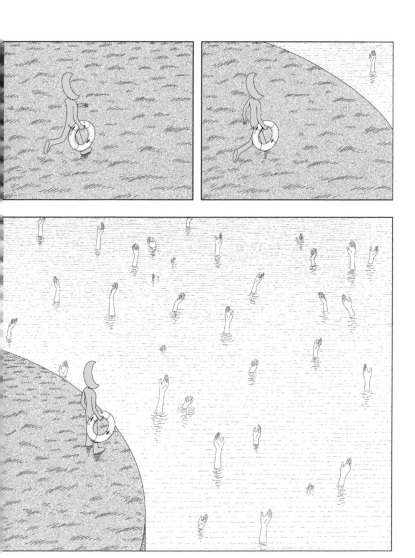

救生員

嘩啦嘩啦把自己的事業講給大家聽的人，他的價值一定是毫不足道的。切實苦幹的人往往不是高談闊論的，他們驚天動地的事業顯示了他們的偉大，可是在籌劃重大事業的時候，他們是默不作聲的。

——黑格爾

Georg Wilhelm Friedrich Hegel

1770.08.27~1831.11.14

德國哲學家

厲害的人都是悶聲做大事的，基本上都是突然就公告了，突然就升職了，突然就發財了，讓所有人都驚掉下巴。不像有的人八字還沒一撇就到處賣弄炫耀，要不就是才進行到上半場就開香檳慶祝，最後淪為笑柄。

能被看到的都是結果，在過程中都是暗自默默努力。要克服自己耍小聰明、放狠話、吹牛的欲望，放下懶散和愚蠢，學會一言不發，默默耕耘。

偷偷努力的感覺是最好的，尤其是在嘗到甜頭之後。當沒人知道你在做什麼時，生活就會變得更好，這不是玄學，而是事物發展的必然規律。

下了決心要做的事，要保持不動聲色，卻心潮澎湃。你要偷偷厲害，萬事才盡可期待。

比賽

最優秀的人，其實就是你自己。人生在世，知道自己需要什麼只不過是本能；而懂得自己不需要什麼，這卻是一個人的智慧。

——蘇格拉底
Socrates
470B.C.~399 B.C.
古希臘哲學家

要想生活過得好，就一個字：扔。扔掉不會再穿的衣服，扔掉過期的物品，扔掉無效的社交，扔掉無關緊要的或是消耗你的人。

想要開心快樂或者哪怕只是簡單平淡地生活，最簡單的方法就是清理不必要的執念，扔掉那些不再需要、不再喜歡的東西，給內心更多空間，留有一些位置放新的生活，人生才能更輕盈前行。

很多東西如果不是怕別人撿去，我們一定會扔掉。但是別忘了，扔掉垃圾，才能騰出手來接過禮物。

回收站

年輕時，我會向眾生需索他們能力範圍之外的：友誼長存，熱情不減。如今，我明白只能要求對方能力範圍之內的：陪伴就好，不用說話。

——卡繆

Albert Camus
1913.11.07~1960.01.04
法國小說家、哲學家

　　我們都有過對友情特別偏執、幼稚的時候，覺得我把你當成最好的朋友，你也必須把我當成最好的朋友。經歷了一些事情之後終於明白，我們跟別人建立關係，是為了享受關係帶來的愉悅和快樂，而不是將彼此束縛在一段期待值極高的固定關係裡互相消磨。

　　人際關係，有時候是這樣一回事：我用真心待你，但不執著於你。活在緣分中，而非關係裡。

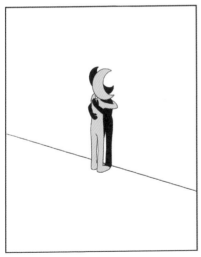

安慰

185

生活難以應付這個事實，說明你的生活方式不適應生活的模式，所以你必須改變你的生活方式。一旦你的生活方式適應生活的模式，疑難問題就隨之消失。

——維根斯坦

Ludwig Josef Johann Wittgenstein
1889.04.26~1951.04.29
奧地利哲學家

雖然很多人說「只要自己能夠出淤泥而不染，無論在哪裡都能活得很精彩」，但事實是，假如腳底下是一攤爛泥的話，無論自己多麼想要站起來，也絕對會摔倒。

生活的負循環，就是指你當下的生活狀態、所作所為，是一種惡性循環，對你自己是透支的，而不是增值的。

絕大多數人的困境或者苦難，其實都來自「忍忍吧，懶得改變」，於是我們就陷入一種惡性循環裡，周而復始，不得解脫，直到最後把工作搞砸、把生活搞砸、把人生搞砸。

消除痛苦的唯一辦法就是——別陷進這個遊戲邏輯。

187

永遠不要捨棄靈魂中那個心高氣傲的英雄，一切從尊敬一事無成的自己開始。

——尼采

Friedrich Wilhelm Nietzsche

1844.10.15~1900.08.25

德國哲學家、詩人、文化評論家

你根本不需要藉由完成重要的事來證明自己的價值，因為你本身就是最重要的；你根本不需要大徹大悟或做出高尚行為去賦予自己人生意義，因為你本身就是最獨特、最有意義的，你的重要性是毋須證實的。

當你好好愛自己時，身體會釋放一種很療癒的能量，每當別人被這種能量吸引，就會覺得非常溫暖，於是下意識地更願意愛你。這樣就形成了一個良性循環。所以，如果想擁有更多的愛，還是應該先把自己放在第一位，之後你會發現整個宇宙都在偏愛你。

像你這樣才華橫溢的小朋友，就像汽水裡的泡泡，會靠著自己的力量慢慢升起，沒有事情可以阻止你。

我並不期待人生可以過得很順利，但我希望碰到人生難關的時候，自己可以是它的對手。

——卡繆

Albert Camus

1913.11.07~1960.01.04

法國小說家、哲學家

　　諸事皆順是很美好的祝願，但人生真的很難一帆風順，更多時候是關關難過關關過。

　　難關不會主動說話，卻常在暗中助你成長。敲你以警醒，讓你學會用深刻的視角審視生活，知曉世界真實的境況，不在表面的熱鬧裡迷失自我；獎你以成事的機會，讓你盡快走出懶惰，去風雨裡修練務實的本領；給予你真正的自信，眼前雖是一片廢墟，但是只要站起來了，此後再沒有任何人、任何事，能輕易把你推倒、打敗。

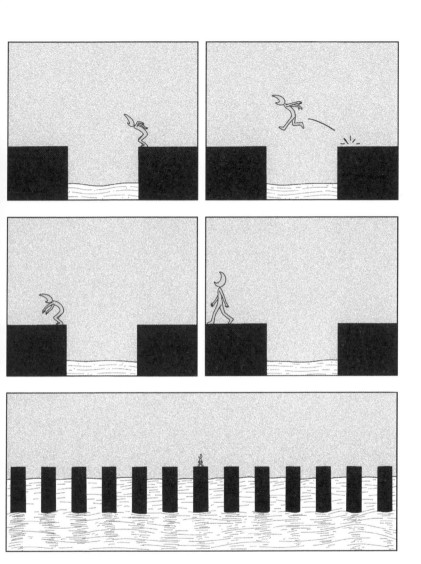

渡河

191

事物本身是不變的，變的只是人的感覺。

——蘇格拉底

Socrates
470B.C.~399 B.C.
古希臘哲學家

突然不喜歡一個人，是什麼感覺？

他本來渾身是光，有那麼一瞬間，突然就黯淡了，成為宇宙裡一顆塵埃。你努力回想起他全身是光的樣子，卻怎麼也想不起來。後來發現，那是第一次見到他時，你眼裡的光。

你喜歡的人也是凡人，是你的喜歡為他鍍上金身。有魔力的人是你，是你的心心念念，讓這段感情變得彌足珍貴。

不必擔心再也遇不到更好的人，你生來就值得被愛，這點你毋須質疑。

光束

從今以後，別再過你應該過的人生，去過你想過的人生。

——梭羅

Henry David Thoreau
1817.07.12~1862.05.06
美國哲學家、作家

十八歲你該上大學了，三十歲你該結婚生子了，三十五歲你應該進入管理層了⋯⋯沒有哪個年齡該做的事，只有這個年齡想做的事。

永遠不要把世界活成理所當然的樣子，你要留點精力去讀書、去運動、去愛人，去奔赴你想要的生活，活成你自己的模樣。

有時候為自己優先一下子，不是自私，而是必要。你是自己世界的主角，不要把自己的人生過成別人的附屬品。去吃好吃的東西，去買想買的物品，去放鬆，去按摩，去摸貓貓狗狗，工作完就盡情娛樂，累了就盡情地睡覺。保持自己的幸福狀態才能享受人生，心情好生活就會一帆風順。

請把「優先考慮自己」放在首要位置，就當作是今年的人生作業吧。

去海邊

千萬不要忘記。我們飛翔得愈高，我們在那些不能飛翔的人眼中的形象愈是渺小。

——尼采

Friedrich Wilhelm Nietzsche
1844.10.15~1900.08.25
德國哲學家、詩人、文化評論家

當魚兒們生活在廣闊的大海中時會互幫互助，一旦把魚兒放入狹窄的水槽中飼養，它們就會開始互相排擠欺凌。有些人之所以會霸凌他人，那是因為他們的世界非常狹隘。

要往高處走，要往遠處看。站在山腳下，有人在山底罵你，你會很生氣；爬到半山腰，有人在山底罵你，你就聽不清了，以為他在和你打招呼；等你到了山頂，有人在山底罵你，你耳邊只有呼呼風聲，眼前盡是迷人風景。

蜻蜓

不要走在我後面，因為我可能不會引路；不要走在我前面，因為我可能不會跟隨；請走在我身邊，做我的朋友。

——卡繆

Albert Camus
1913.11.07~1960.01.04
法國小說家、哲學家

人和人的交流就像跳彈跳床，你要碰到跟自己跳到同樣頻率、同樣高度的人才能說上話，否則怎麼做都是擦身而過。

不管是一起生活，還是一起玩，一定要找到那個和你在同頻率、感覺像是被糖果包圍的人。

他做不到的事從不要求你，會照顧你的情緒，懂你的黑色幽默，知曉你的難言之隱，有時透過眉目間就能傳遞心情。拉拉扯扯，打打鬧鬧，經年累月分享卑鄙和坦蕩，把彼此從悲傷和孤獨裡拉扯出來，若無其事地簇擁著往前走。

人會在壞的關係裡破碎，也會在好的關係裡一遍遍被治癒，重要的是篩選，多和那些讓你覺得幸福的朋友在一起，遠離那些並不在乎你感受的人。

等雨

自由並不是為所欲為的權利或能力。自由源於我們對自身力量的侷限以及自然界固有限制的理解。透過接受人生的種種限制和必然結果，並與之合作而不是抗爭，你才能獲得真正的自由。

——愛比克泰德

Epictetu

A.D.50~A.D.135

古羅馬斯多葛學派哲學家

　　你有追一晚上劇的自由，只要你能按時交出論文；你有享受夜生活的自由，只要第二天你能精神飽滿地做好本職工作。自由是很難的，需要「為自己負責」的意志、勇氣和能力。

　　沒有自制力的人不足以談自由，因為自由和山頂的空氣相似，對弱者都是吃不消的。

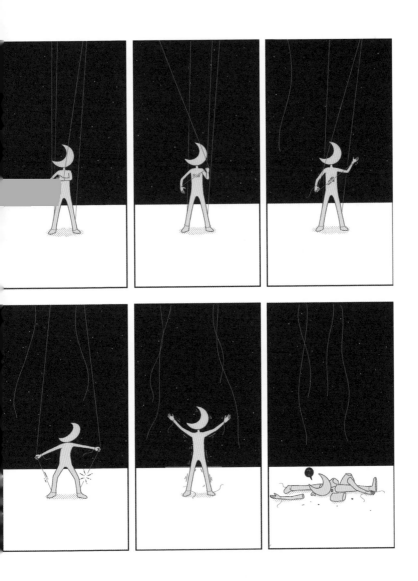

完全自由

人生就像一座鐘擺，欲望
不滿足則痛苦，欲望滿足
則無聊，人生在痛苦和無
聊之間搖擺。

——叔本華

Arthur Schopenhaue

1788.02.22~1860.09.2

德國哲學家

人生不是逝去，而是充實。我們不是在「度過」每一天，而是在用自己所擁有的東西「填滿」每一天。

　　一定還有什麼東西是人生必需的，讓那些被無聊填滿的日子變得鮮活起來的東西，能夠醞釀出幸福心情的東西，能夠讓人歡笑、喜悅、驚奇、心跳、期待、動心的美麗的東西。

　　請把時間分給睡眠，分給美食，分給書籍，分給運動，分給花鳥樹木和山川湖海，分給你對這個世界的熱愛，而不是將自己浪費在無聊的人和事上。當你開始做時間的主人，你會感受到平淡生活中噴湧而出的平靜的力量，至於那些焦慮與不安，自然煙消雲散。

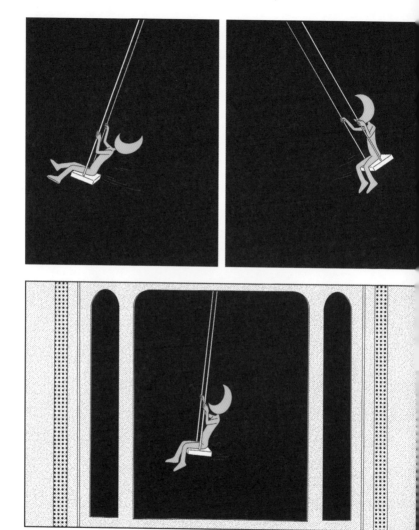

》滴答之一

滴答之二

一切美好的事物都是曲折地接近自己的目標，一切筆直都是騙人的，所有真理都是彎曲的，時間本身就是一個圓圈。

——尼采

Friedrich Wilhelm Nietzsche
1844.10.15~1900.08.25
德國哲學家、詩人、文化評論家

　　成年人的生活相當狂野，因為你必須每天醒來為自己的生活而戰。

　　生活就像是高空彈跳。從做出決定，到縱身一躍，再到自由落體，每一步都很難，都需要極大的勇氣和耐心，但自始至終你都很確定，死不了的。

　　日子就是有好有壞，如果一眼望到終點，大概也就沒什麼意思了。正是一次次捉襟見肘、進退失據，又一次次柳暗花明、絕境逢生，才讓生命在其間緩緩鋪陳章節。

　　太過順利的人生是沒有厚度的，一頁紙就寫完的故事有什麼意思？

曲折

從根本上說，只有我們獨立自主的思索，才真正具有真理和生命。因為，唯有它們才是我們反覆領悟的東西。他人的思想就像別人食桌上的殘羹，就像陌生客人脫下的舊衣衫。

——叔本華

Arthur Schopenhauer
1788.02.22~1860.09.21
德國哲學家

人云亦云，是最省力的思考方式，同時也是最快毀掉自己的方式。

有兩種事盡量少做，一是用自己的嘴干擾別人的人生，二是靠別人的腦子思考自己的人生。

你的時間有限，不要被教條所限，不要活在別人的觀念裡。不要讓別人的意見左右自己內心的聲音。最重要的是，勇敢地去追隨自己的心聲和直覺，其他一切都是次要的。

空空如也

209

人們面臨很多虛假的需求，人們每天為了虛妄的幸福而奔波忙碌，身體太忙，腦子太閒。

Herbert Marcuse

1898.07.19~1979.07.29

德裔美國哲學家、社會學家

為了逃避做真正重要的事，我們會積極做很多瑣事來欺騙自己：我很忙，還沒有辦法開始。

人的一生，其實就是時間和注意力分配的過程，你所專注的一切，反過來定義了你是誰，因此要格外珍惜你的注意力，認真選擇你聚焦的物件。如果你只是不停被喧囂帶走你的注意力，或總是糾結於錯誤的人和事，遲早會被汙染同化，成為你不想成為的人，白白浪費掉僅有一次的生命。

人生總會經歷幾次大大小小的迷茫期。這段時間裡，要嘛去賺錢，要嘛去學習，要嘛就去接觸新事物。別的也不要多想，一段時間後就會神奇地好起來的。

不論什麼時候，學東西是學到自己腦子裡，賺錢是賺到自己帳戶裡，這兩件事是騙不了人的。

210

天邊一朵雲

一個人知道自己為什麼而活，就可以忍受任何一種生活。

—— 尼采

Friedrich Wilhelm Nietzsche
1844.10.15~1900.08.25
德國哲學家、詩人、文化評論家

　　你要找到自己生活中的重點，其他的可以適當忽略，簡單來說就是刪繁就簡。

　　如果你工作是為了賺錢養活自己，那就別在複雜的人際關係裡浪費太多精力和時間，認真賺錢，提高生活品質才是重要的事。如果你跑步是為了自己身心舒暢，那就毋須理會別人說的「你怎麼跑這麼久還沒瘦啊」這樣的鬼話。

　　只要知道自己真正想要什麼，它就會變成你生命中的錨，一切外界的誘惑與熱鬧對於你來說都是無關之物。你就不會閒著沒事在泥地裡與豬打滾，不會斤斤計較拿不上檯面的事。無論外面的風雨多猛烈，你的小船也不會偏離航線。

　　你只管朝心裡的聖殿狂奔就是了，路上的妖魔鬼怪，你看也不要看。

流逝

213

真正的救贖，並不是廝殺後的勝利，而
是能在苦難之中找到生的力量和心的安
寧。

——卡繆

Albert Camus
1913.11.07~1960.01.04
法國小說家、哲學家

　　什麼樣的人最有吸引力？與生活交手，輸了 100 次，第 101 次又站起來的人。他們像疾風裡的野草，俯低又驕傲地仰起。在強大的命運面前，永保自己鮮明的意志、頑強的戰鬥力，無時無刻不拼盡全力，不斷地跌倒又爬起來，永遠有勇氣從頭再來。

　　塑造他們的，是他們所經歷的那些艱難時光，而非浮名虛利。他們所經歷的每一次挫折，都會在靈魂深處種下堅韌的種子。他們所度過的每一次苦難，都會在日後成為支撐他們走下去的力量。

　　這樣的人，如果你豔羨過、嚮往過，那麼請你放下這些貪圖，踏上征程，自覺走在「成為這樣的人」的路上。

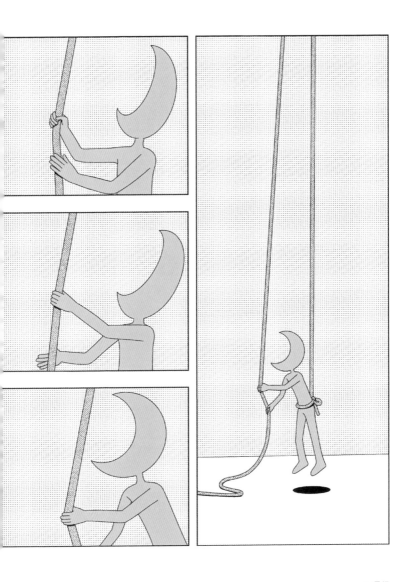

吊繩

醫治我們自己的悲傷是件很困難的事，因為我們就是這種悲傷的同謀。要醫治他人的悲傷同樣是很困難的事，因為我們也是悲傷的俘虜。

——尚‧布希亞

Jean Baudrillard

1929.07.29~2007.03.0

法國社會學家、哲學家

我們最應該學習的能力是「沒那麼容易感到受傷害」，就是不從他人對待我們與別人的差別之中解讀什麼，也不以一兩次的糟糕境遇作為依憑，讓自己感受到頻繁的落差和灰心，從而有某種受傷感。

　　這世界沒有不帶傷的人，重要的不是治癒，而是帶著傷痛活下去。

　　時間不是藥，但藥在時間裡。不必急著去療傷，先把自己帶到陽光燦爛處，帶到世界美好中，去擁抱嶄新的經歷。

　　你是來這個世界上享受愛與被愛的，是來看一年四季最美麗的風景的，是來看春風溫柔撫摸樹葉的，是來品嘗最新鮮的麻辣小龍蝦的，不要因為一點不快樂就灰心，那些難過啊、悲傷啊、不快樂啊，都只是為了這些花費的小小門票錢而已。

無論你從什麼時候開始，重要的是開始後就不要停止。無論你從什麼時候結束，重要的是結束後就不要悔恨。

——柏拉圖

Plátōn

429 B.C.~347 B.C.

古希臘哲學家、希臘三哲之一

按照墨菲定律的說法，如果事情有變壞的可能，不管這種可能性有多小，它總會發生。所以，請允許一切發生，生活不過是見招拆招。

讓一切順其自然地發生。不客氣地說，人生就是一個麻煩接著一個麻煩，躲不掉，也逃不了。你要允許挫敗，允許遺憾，允許後悔，允許別離，允許錯軌和暴風雪，允許偶爾的情緒崩潰，允許自己擁有人生的陣痛，在這趟體驗中盡情地感受，不要害怕，我們最終都會找到自己的軌道。

真正的強大不是忘記，而是接受。接受世事無常，接受孤獨挫敗，接受突如其來的無力感，接受自己的不完美，接受困惑、不安、焦慮和遺憾。調整好自己的狀態，找到繼續前行的力量，成為更好的自己。

迟疑

一定的憂愁、痛苦或煩惱，對每個人都是時時必需的。一艘船如果沒有壓艙物，便不會穩定，不能朝著目的地一直前進。

——叔本華

Arthur Schopenhauer
1788.02.22~1860.09.21
德國哲學家

快樂就像鮮花，難過像泥巴，為什麼快樂裡老有難過？因為鮮花離不開泥巴。

假如終日一味遊玩作樂的話，遊玩作樂就不再特別，就會變得毫無快樂可言。有痛苦才會有歡樂，如果一切都變成了歡樂，歡樂勢必就會失去其之所以為歡樂的理由。

「如果沒有悲傷與之平衡，『快樂』這個詞將失去意義。」

獨樂園

如果你獨處時感到寂寞，這說明你沒有和自己成為好朋友。

——沙特

Jean-Paul Charles Aymard Sartre

1905.06.21~1980.04.15

法國哲學家、小說家

「你問我有哪些進步？我開始成為我自己的朋友。」

自己跟自己玩，是每個人都需要的能力。愛他人容易，有時出於本能就可以做到，愛自己卻很難，要和自己的頑劣之處對抗再和解，要接受自己的技不如人、外在缺陷，還有命運偶爾給出的壞運氣，但人這一生最重要的功課就是成為自己的朋友。

人生就是一場漫長的自娛自樂。討別人歡心只是小聰明，每天都能討到自己的歡喜才算大智慧。

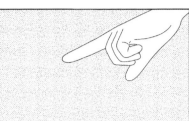
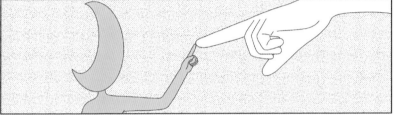
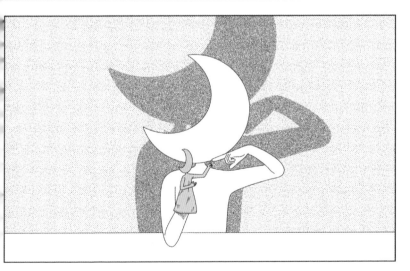

接觸

223

何謂積極生活？首先是踏訪已知環境的熱忱，其次是探測未知環境的勇敢，其三是從自己和環境的斡旋中找到樂趣。

——艾倫・狄波頓

Alain de Botton

1969.12.20~

作家，出生於瑞士，現居英國，慣以哲學角度詮釋、探討各種問題

　　人生是完全隨機無序的，人類卻總想在混亂中尋找規律，不肯承認自己只是在隨波逐流，所以揭開謎團的小說、解釋現狀的陰謀論，往往最受歡迎。好像找到其中的關係，就能讓人產生「萬物背後都有規律」的錯覺。

　　你只會循規蹈矩，世界哪敢給你驚喜。

　　人生還有很多可能性，未來的快樂和煩惱也應該像水果糖的花樣口味，隨機而不確定，每一口酸甜都是過關斬將，每一次嘗試都是絕版體驗。世界發展的速度快得過火，我們也沒有理由一直活在規律裡。

隨機前行

當一個人處於不能克服無法避免的痛苦中時，就會愛上這種痛苦，把它看成幸福。

——佛洛伊德

Sigmund Freud

1856.05.06~1939.09.23

奧地利心理學家、哲學家

　　痛苦會讓人上癮，即使它讓人不快，但是這種不愉快本身會產生舒適感和熟悉感，若一件事成了你的一部分，就很難去改變。

　　那些殺不死你的，未必會讓你更強大，它們通常會使你更弱小，讓你顫抖，語無倫次，祈求回到它們出現之前的日子。它們會一直藏在你的腦海裡，偷偷損耗你的自我意識，讓你認為自己真的很糟糕。

　　不要美化痛苦，把它當作你能有幸得到的人生教訓；不要浪漫化自己的遭遇，以此顯得自己很酷；不要假裝原諒別人給自己造成的傷害，以此顯得自己豁達。痛苦就是痛苦，美化痛苦是一種軟弱，因為不敢鼓起勇氣去面對真實世界。

　　如果痛苦無法避免，最好的辦法就是接受它，然後結束它。

負重前行

227

遇到有承認自己錯誤的機會，我是最為願意抓住的，我認為這樣一種回到真理和理性的精神，比具有最正確無誤的判斷還要光榮。

——大衛·休謨

David Hume
1711.05.07~1776.08.25
蘇格蘭哲學家、歷史學家

　　錯誤是這樣一種東西：你把它推出門去，它遲早會從窗戶再爬進來。

　　改正一個錯誤，不管是多大的代價，其實都是最小的代價，你改得愈晚，付出的代價愈大。往往是逃避了一輩子，發現錯誤了一輩子。是的，你喜歡抗拒的事，總是在持續。

　　接受自己看錯人，承認自己不被愛著，接受自己的付出沒有回報，承認自己的真誠有抵達不了的地方，為錯誤買單，迅速撤離，調整好自己的狀態，沒什麼好怕的。

　　人生沒有一勞永逸，誰不是在生活這份答卷上，一邊犯錯，一邊成長。選擇對了，皆大歡喜，一路順風順水；選擇錯了，重整旗鼓，力求不再犯錯。

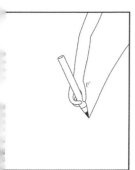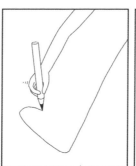

筆誤

你連想改變別人的念頭都不要有。要學太陽一樣，只是發出光和熱，每個人接收陽光的反應有所不同，有人覺得刺眼，有人覺得溫暖，有人甚至躲避陽光。種子破土發芽前沒有任何的跡象，是因為沒到那個時間點。只有自己才是自己的拯救者。

——榮格

Carl Gustav Jung
1875.07.26~1961.06.06
瑞士心理學家、分析心理學創始人

　　一隻站在樹上的鳥兒，從來不會害怕樹枝斷裂，因為它相信的不是樹枝，而是自己的翅膀。

　　人生中總有幾次至關重要的蛻變，可以讓你變得更好，但只能靠自己完成。即便有很多人願意幫你，對於這種事情往往也無能為力，並不是因為成長太難，只是如果你不肯獨自面對，總指望別人施與援手的話，是沒辦法真正成長起來的。

　　世界之所以美妙，在於你無論怎麼折騰，都可以走出一條適合自己的路，所以你才可以肆無忌憚地去闖、去浪、去瘋狂；世界之所以美妙，在於沒有人可以告訴你，接下來應該怎麼做，只有你能決定自己活成什麼樣子。

開燈

231

如果我們過於爽快地承認失敗，就可能使自己發覺不了我們非常接近於正確。

——卡爾·波普爾

Karl Raimund Popper

1902.07.28~1994.09.17

奧地利哲學家

許多賽跑的人失敗都是失敗在最後幾步，跑「應跑的路」已經不容易，跑到盡頭當然更困難。

如果做一件事情，能看到的結果註定是好的，別管眼前是否有成效，堅持下去。

你想變美，想有錢，想學業好，想活得從容不迫，堅持才會有回饋，還沒得到正向回饋也不要放棄。

這世上的確總有幸運兒能一鳴驚人，但像我們這樣，哪怕總是十分耕耘一分收穫，就像收集塑膠袋一樣，收集得多了，遇到問題的時候，總有一個袋子可以裝下它。

不夠幸運沒關係，不要停就行，你的堅持終會一點一滴穿成線、織成網，加倍返還給你。

也許你感覺自己的努力總是徒勞無功，但不必懷疑，你每天都離頂點更進一步。今天的你離頂點還遙遙無期，但你透過今天的努力，積蓄了明天勇攀高峰的力量。

——尼采

Friedrich Wilhelm Nietzsche
1844.10.15~1900.08.25
德國哲學家、詩人、文化評論家

　　有時候你認為的無法改變，可能只是暫時沒看出效果而已，而不是不夠努力。除卻人類無法改變的事情，你所做的每一次努力，都在潛移默化地影響著你的人生軌跡。

　　盡自己的力量去做就是了。只要看到這一點就行：每天都前進一步，也許會倒退一點，可絕不會完全退回原處。從表面看好像白費力氣，其實不會的。生活裡的小小改變，不斷地在發生，正是它帶來的正向回饋，激勵你邁出下一步。

　　人生就像是一個靜止的飛輪，起初必須非常用力地推，才能使飛輪轉動起來，但只要轉起來，接下來就輕鬆多了，會愈轉愈快。

登月

每做一件事，我們首先想到的就是別人會怎樣看，人生中幾乎有一半的麻煩與困擾，就是來自我們對行動結果的焦慮。

——叔本華
Arthur Schopenhauer
1788.02.22~1860.09.21
德國哲學家

要想活得有力量，你要做的常常不是想辦法讓別人高興，而是學著面對別人的不高興。如果別人只要不高興就能驅使你妥協，其實你也無法成為你自己。就算被審視、被說壞話、被討厭，也沒什麼好在意的，因為「對方如何看待你」，那是對方的問題。擅自背負別人的問題，只會讓自己感到痛苦。

　　你完全控制不了別人是如何看待你的，所以你最好還是想做什麼就做什麼。

衝出

如果在原野，
一個旅人

1

> 「一望無際的原野上，忽然出現一條道路。
> 旅人因此得到方向，同時失去整片原野。」

這是最近寫的一則短句，後來畫成四格漫畫，有人解讀出「因小失大」，也有人解讀出「路徑依賴」，當然，都是成立的。每個人都有解讀的自由，我也有著自己的理解，它描述了我心中的某種困惑。

我的人生和許多人相似，從求學少年到求職青年，一路沿著父輩指教的道路埋頭前行，等到成年後，才學會自己抬頭看，發覺人生本是無邊際的原野，而不是一條只有五斗米和六便士的單行道。回想昨日，不知所謂，展望明天，不知所往，於是一面瞻前顧後，徘徊於人滿為患的道路中，一面又左右為難，鼓不起探索茫茫原野的勇氣。

在這樣的迷茫中，我開始重新尋找自己的方向。

2

2017 年，我重新撿起了荒廢多年（準確地説，是從未真正開始）的愛好——畫畫。

原本打算只堅持一個月的每日一畫，可飛輪一旦開始轉動，竟再也停不下來，一直畫到今天，第 2453 天。在日漸緊張的生活裡，每天安靜地畫一幅畫，已經成為我保持內心平和的儀式之一。

這本書中採用的「月亮人」系列無字漫畫，正是在近兩年的每日一畫中誕生的。

而每日一畫帶來的最重要收穫，就是讓我更加確信「自己喜歡畫畫」。即使畫畫不能謀得稻粱，我依然覺得每幅畫背後的一分一秒都沒有浪費。

原野無邊際，去往哪個方向都可以。但人大概只有找到真正熱愛的事物，才能點燃內心的火焰，照見屬於自己的道路，才會覺得一路跋涉也不虛此行。

3

我也重新撿起了曾經熱愛但中斷多年的閱讀。

除了一直喜歡的文學和漫畫，我也開始讀更多社科類書籍，企圖在前人的智慧裡找到適合自己的答案。

馬可·奧理略告訴我，「一個人所擁有的只有現在」。塞內卡則教導我，「允許他人掌控自己生活的人，顯然不會有太多時間」，以及「罪惡誕生於軟弱」。赫曼·赫塞藉悉

達多提醒我,「不要被自己所追求的目標迷住雙眼」。魯米則像篝火,溫暖身體也照亮眼睛,他說,「痛苦的解藥,就在痛苦之中」……

我不敢說自己讀懂了哪一位。或許,我所得到的只是自己一心所求的慰藉罷了。但對我而言,慰藉已經彌足珍貴。就這樣,閱讀也成為我保持內心平和的儀式之一。

原野無邊際,走在哪個方向都難免心有疑慮。但因為有無數先哲的智慧,如夜幕中的群星指路,旅人才更容易看清方向和定位,不至於在茫茫黑夜裡迷失自己。

4

今年年初的某一天,編輯丁小丁老師突然找到我,提出想採用我的「月亮人」系列漫畫合作一本哲理圖文集。

我有些意外,因為我一直將「月亮人」系列定為無字漫畫,從未想過圖文組合的展現形式。也有些惶恐心虛,因為哲人們的智慧太過經典,我怕自己的圖不過是畫蛇添足。但是,丁老師用她的設想打動了我:「圖和文之間既互相成全,其實又各自獨立,對照著讀和分開來讀都可以,這也是這本書的趣味之一。自由屬於讀者。」

就這樣,這本一半哲文加一半漫畫的書誕生了。像生活中許多其他的事一樣,看似意外的偶然,又好像自有內在的必然。

人生就像在茫茫原野上夜行,充滿未知,令人嚮往也令

人恐懼。幸好，只要有心中火焰取暖，有頭頂星光指路，人
就不會缺少繼續前行的勇氣。希望這本書裡所包含的一點星
火，能為你提供穿越原野的小小勇氣。

　　祝旅途愉快。

愚木混株
2023 年 9 月 19 日於上海

世界冰冷，哲學是篝火

100 句清醒通透的哲學名言，解答生活的所有情緒與麻煩

作　　　　者	半糖不加冰	
繪　　　　者	愚木混株	
美 術 設 計	謝佳穎	
內 頁 排 版	高巧怡	
行 銷 企 劃	蕭浩仰、江紫涓	
行 銷 統 籌	駱漢琦	
業 務 發 行	邱紹溢	
營 運 顧 問	郭其彬	
責 任 編 輯	林芳吟	
總　 編　 輯	李亞南	
出　　　　版	漫遊者文化事業股份有限公司	
地　　　　址	台北市103大同區重慶北路二段88號2樓之6	
電　　　　話	(02) 2715-2022	
傳　　　　真	(02) 2715-2021	
服 務 信 箱	service@azothbooks.com	
網 路 書 店	www.azothbooks.com	
臉　　　　書	www.facebook.com/azothbooks.read	
發　　　　行	大雁出版基地	
地　　　　址	新北市231新店區北新路三段207-3號5樓	
電　　　　話	(02) 8913-1005	
訂 單 傳 真	(02) 8913-1056	
初 版 一 刷	2024年11月	
初版三刷 (1)	2025年1月	
定　　　　價	台幣450元	

本作品中文繁體版透過成都天鳶文化傳播有限公司代理，經瀋陽悅風文化傳播有限公司授予漫遊者文化事業股份有限公司獨家發行，非經書面同意，不得以任何形式，任意重製轉載

國家圖書館出版品預行編目 (CIP) 資料

世界冰冷, 哲學是篝火：100 句清醒通透的哲學名言, 解答生活的所有情緒與麻煩。/ 半糖不加冰著. -- 初版. -- 臺北市：漫遊者文化事業股份有限公司, 2024.11
　面；　公分
ISBN 978-626-409-023-0 (精裝)
1.CST: 人生哲學
191.9　　　　　　　　　　　　　　　113015999

ISBN　978-626-409-023-0
有著作權·侵害必究
本書如有缺頁、破損、裝訂錯誤，請寄回本公司更換。

azoth books
漫遊者

漫遊，一種新的路上觀察學
www.azothbooks.com
 漫遊者文化

遍路文化
on the road

大人的素養課，通往自由學習之路
www.ontheroad.today
 遍路文化·線上課程